Otto Jülich in den Dreißiger Jahren (Privatfoto)

Herstellung und Verlag: BoD – Books on Demand, Norderstedt
ISBN 978-3-7578-5416-4

Elischewa German

Ein Emigrant der Dreißiger Jahre

Die Verstrickung eines Komikers in Anschläge jener Zeit

Danksagung

Das vorliegende Buch wurde in nicht zu unterschätzendem Ausmaß von zwei meiner Familienangehörigen mitgetragen, meiner Nichte Daniela Jülich-Ferretti und meinem Gatten, Usi German. Beide begleiteten und kommentierten kontinuierlich das Geschriebene und leisteten somit einen unverzichtbaren Beitrag zu seiner Erstellung. Frau D. Jülich-Ferretti war mir in besonderem Maße bei meinen vielen Anfragen in einigen Archiven behilflich.

Als Erstes fühle ich mich Dr. R. Orth verpflichtet, der den Anstoß zu diesem Buch überhaupt gab und mir auch Akten zukommen ließ, und in ebensolchem Maße Herrn H.D. Arntz, dem Regionalhistoriker von Euskirchen, der mir in meinen Familienrecherchen wertvollen Beistand leistete.

Besonderen Dank schulde ich Dr. H. Wichers vom Staatsarchiv Basel-Stadt, Frau A. Wilke vom Politischen Archiv des Deutschen Auswärtigen Amtes, Frau S. Stahl von der Deutschen Nationalbibliothek - Frankfurt, Herrn F. Anton vom Bundesarchiv/Abteilung Militärunterlagen, Frau Dr. E. Bender vom Hessischen Landesarchiv, Frau Dr. U. Reuter vom Germania Judaica Archiv - Köln, Frau R. Seib von der Deutschen Nationalbibliothek in Sachen Exilarchiv, Herrn G. Stoll vom Projekt "Historische Adressbücher", Frau S. Chiqet vom Schweizer Bundesarchiv, Herrn St. Mach vom Österreichischen Staatsarchiv, Frau Dr. G. Rünger - Vorsitzende des Geschichtsvereins des Kreises Euskirchen, Herrn J. Gerull im Stadtarchiv Siegburg, Frau S. Dünnwald von der Sachgebietsleitung im Archiv der Stadt Euskirchen, Frau Dr. C.M. Arndt vom Archiv des Rhein-Sieg Kreises und dessen Gedenkstätte, Frau Dr. S. Eibl vom Landesarchiv Nordrhein-Westfalen – Duisburg und Frau A. Kosubek vom Bundesarchiv Koblenz. Ihnen allen gilt mein Dank für ihre vielfältigen Informationen und Auszüge aus den Akten ihrer Bereiche, sowie für ihre hilfreichen Hinweise.

Omer, 2023
Elischewa German

Inhalt

Vorwort

Im April 2019 wandte sich der Historiker Dr. Rainer Orth mit einer Anfrage an mich. Ob ein gewisser Otto Jülich mein Großvater sei, und wenn ja, was ich über ihn wüsste. Dr. Orth hatte sich intensiv mit der Person des Vizekanzlers von Papen unter Hitler in seinem Buch "Der Amtssitz der Opposition?" auseinandergesetzt. Im Zusammenhang mit dem Attentatversuch auf von Papen im Januar 1933 war er auf den Namen des Mannes gestossen, der den Coup vereitelt hatte: Otto Jülich. Ich konnte ihm auf Grund meiner persönlichen Dokumente bestätigen, dass es sich in der Tat um meinen Großvater handelte. Diesen Großvater hatte ich persönlich nie kennenlernen können. Er war Jahre vor meiner Geburt verstorben. Nunmehr war meine Neugier entfacht und ich beschloss, der Sache auf den Grund zu gehen und mich meinerseits auf die Spurensuche zu begeben.

Zunächst besann ich mich auf Familienerzählungen meines Vaters, Hermann Jülich. Dann folgten Nachfragen in den diversen Archiven. Es ergab sich, dass Otto Jülich sowohl in den Akten des Auswärtigen Amtes des Deutschen Reichs, als auch in denen der Republik Österreich, des Schweizer Polizeiarchivs, als auch in der Pariser Präfektur, sowie im Nachlass des ehemaligen Vizekanzlers von Papen vermerkt worden war. Dies fast immer im Zusammenhang von geplanten oder erfolgten Anschlägen. All dies spielte sich in einem bedeutungsvollen Zeitabschnitt der deutschen und europäischen Geschichte ab.

Dieses Buch ist die Bilanz einer dreijährigen Suche. Es ist ebenfalls ein Versuch, dem Schicksal eines jüdischen Emigranten auf dem Hintergrund der turbulenten und dramatischen Ereignisse der Jahre 1933-1936 nachzugehen. Ich wollte diesen unbekannten Großvater kennenlernen und verstehen, wie und warum er in derartige Anschläge verwickelt sein konnte.

1. Herkunft und familiäre Verhältnisse

Otto Jülich wurde am 10.6.1878 in Siegburg geboren und entstammte einer jüdischen Familie, deren Grabsteine und Eintragungen in den jüdischen Gemeindebüchern eine bis bis ins 16. Jahrhundert zurückliegende Präsenz der Familie Jülich im Rheinland dokumentieren können.

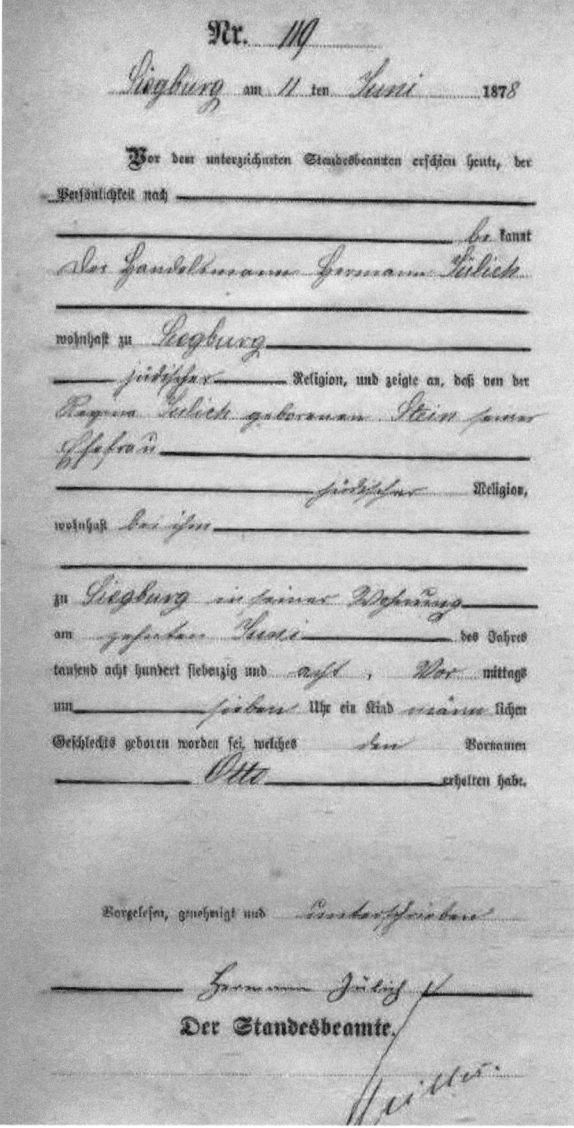

Abb. 1. Ottos Geburtsurkunde.

Die Familie wohnte in der Holzgasse 49, in der Nähe der örtlichen Synagoge, Mittelpunkt des jüdischen Gemeindelebens in Siegburg. Zu dieser Zeit zählte die dortige jüdische Einwohnerschaft ca. 300 Seelen. Ottos Vater, Hermann Jülich, ursprünglich aus Königswinter stammend, war ein ausgebildeter Steinmetz und einige Grabsteine des bis heute gut erhaltenen Siegburger Jüdischen Friedhofs lassen sich mit großer Wahrscheinlichkeit auf ihn zurückführen.

Abb. 2. Der jüdische Friedhof in Siegburg

Ottos Mutter, Regina, geborene Stein, stammte aus Troisdorf bei Siegburg und gebar ihm drei Kinder. Letztlich konnte der Vater als Steinmetz seine Familie nicht mehr ernähren und wurde als "Handelsmann" und Gebrauchtwarenhändler tätig. Er konnte also nach Volksschulabschluss weder dem erstgeborenen Josef (geb.1861), dem zweiten Sohn Paul (geb. 1870), noch dem 1878 geborenen Otto, unserem Protagonisten, eine weitere Berufsausbildung ermöglichen. Ein jeder musste sich seinen Weg selbst ebnen.

Zunächst trat Otto höchstwahrscheinlich einen Dienst im Deutschen Heer an. Dafür spricht ein Dokument aus dem Kreisarchiv Rhein-Sieg (Abb. 3). Dort befindet sich unter der Rubrik "Militärverhältnis" der sonderbar anmutende Eintrag "Mutter". Dieser Vermerk galt als Bezeichnung für einen Kompaniefeldwebel, auch "Spieß" oder "Mutter der Kompanie" genannt. Ein Kompaniefeldwebel hatte Anspruch auf erhöhte Bezüge und das mochte ein Motiv für diese Laufbahn gewesen sein.

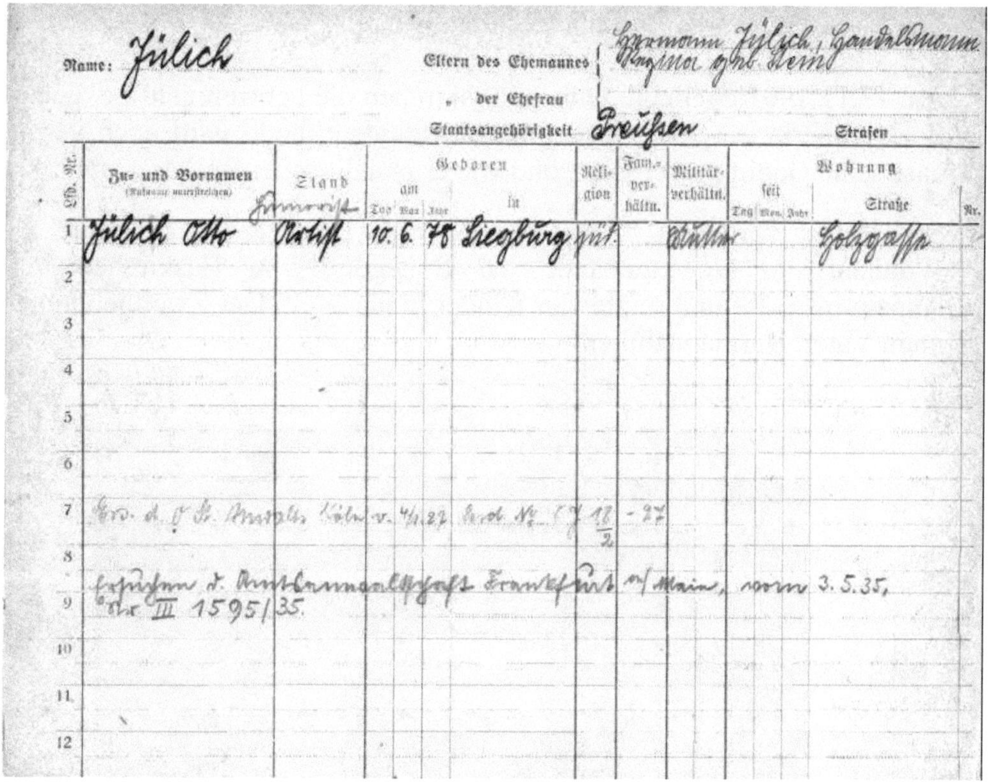

Name: Jülich
Eltern des Ehemannes
" der Ehefrau
Staatsangehörigkeit Preußen
Straßen

Lfd. Nr.	Zu- und Vornamen	Stand	Geboren am	Geboren in	Religion	Fam.-verhältn.	Militär-verhältn.	Wohnung seit	Wohnung Straße	Nr.
1	Jülich Otto		10. 6. 78	Siegburg					Holzgasse	

Abb. 3. Ottos Meldekarte

Zu Anfang des Jahrhunderts war er gewiss nicht mehr im Dienst, soweit das aus den Beständen des Einwohnermeldeamtes ersehbar ist.

Ein weiteres Beleg für eine militärische Karriere findet sich in einer späteren Korrespondenz zwischen dem deutschen Generalkonsulat und dem Auswärtigen Amt, in welchem er als "nichtarischer Frontkämpfer" bezeichnet wurde.[1] Letzteres kann sich nur auf den Ersten Weltkrieg beziehen. Sehr wahrscheinlich wurde er auf Grund seines Ranges

[1] Eintrag des deutschen Generalkonsulats in Amsterdam vom 11.2.1936. *Politisches Archiv des Auswaertigen Amtes. PA AA, RZ 214/99267*

eingezogen, und dies augenscheinlich nur für kurze Zeit. Bei Ausbruch des Weltkrieges war er immerhin bereits 36 Jahre alt. Weitere Details können nicht mehr eruiert werden, da die Bestände des Militärarchivs durch Kriegsschäden starke Einbußen erlitten haben.

Am 13.12.1901 ehelichte Otto in Euskirchen die achtzehnjährige, gebürtige Euskirchnerin, Sophia Meyer. In der Heiratsurkunde wird auch vermerkt, dass seine Gattin gewerbslos, und wie er israelitischer Religion war.[2]

Sein Beruf wird mit "Artist" angegeben. Das Paar bezog eine kleine Wohnung im Nebengebäude der Synagoge von Euskirchen in der Annaturmstrasse und setzte vier Kinder in die Welt. Der Zweitgeborene war mein Vater, Hermann Jülich.

Abb. 4. Otto Jülich (rechts) mit Freunden

Einige Erinnerungen aus dieser Zeit hat mein Vater mir mündlich überliefert:
"Unsere Wohnung war denkbar klein und doch fand sich in ihr eine 'gute Stube', die werktags nicht benutzt wurde. Letztere war ein kleiner Raum mit einem Sofa und etlichen Stühlen, welche durch gehäkelte Deckchen verziert wurden. Auf dem Sofa thronten einige sorgsam bestickte Kissen. Ein

[2] Stadtarchiv Euskirchen, Nr. 93/1901

lackiertes Schränkchen wurde durch bemalte Porzellanteller und einen kolorierten Holzlöwen verziert. Hier wohnten wir alle, meine Eltern, wir Kinder, sowie die Großmutter mit ihrer Schwester. Der Vater glänzte durch wiederholte Abwesenheit. Aber, wenn er kam, und uns irgendeine Kleinigkeit mitbrachte, war die Freude groß."

Die Großmutter, allgemein „et Bill" genannt, widmete den Kindern viel Zeit und ließ ihnen liebevolle Fürsorge angedeihen. Dieses verhutzelte Mütterchen, wirkte als Näherin und erhielt die meisten Aufträge von den Gemeindemitgliedern. Sie trug nicht wenig zum Unterhalt der Familie bei, und war von Sophia als eine Art "Mitgift" in die Ehe eingebracht worden. Auch Sibylles Schwester, Julia Meyer, erscheint in den Akten als Näherin.

Zu Beginn des zwanzigstens Jahrhunderts lebten ca. 225 Juden in Euskirchen. Dies bei einer Gesamteinwohnerzahl von über 10.000. Sophia Jülich war von unehelicher Geburt, was zu dieser Zeit als großer Makel empfunden wurde. Von jüdischem Geist war bei der Familie Jülich generell wenig zu spüren. Die Familie ließ sich hin und wieder in der Synagoge sehen. Die "Jross" aber war es, die am Schabbat Kerzen anzündete und somit das jüdische Erbe der Familie Jülich an die kommende Generation weitergab. Wenn sich eines der Kinder kratzte, dann holte sie den Spruch "Es kratzt sich keiner um bechinem (umsonst), es sei denn, er hat Läuse oder Kinim" aus ihrer jiddisch-jüdischen Vorratskammer.[3]

Otto hingegen war dem Judentum früh entfremdet. Eines Tages brachte er sogar einen Weihnachtsbaum in die Wohnung hinauf. Das wiederum erregte den Unwillen von Ottos Schwiegermutter. "Was soll das?" begehrte sie auf: "Wir sind doch keine Gewasserten"[4]. Otto zuckte nur mit den Schultern. Der Baum blieb, und für die Kinder war diese Neuerung ein Fest.

---

[3] Kinim bedeutet Läuse in Jiddisch
[4] "Gewassert" nannte man Juden, die sich hauptsächlich aus Gründen der Zweckmäßigkeit taufen ließen.

Abb. 5. Sophia Jülich (links) und die "Jross" Sibylle Meyer

Eines Tages kam er in schlechter Laune nach Hause, weil er wohl keinen großen Erfolg bei seinem Auftritt hatte verbuchen können und hörte, wie die Grossmutter den Kindern von Johänneken erzählte, und vor allem, welche Lehre sich daraus für ein jüdisches Kind ergeben sollte: Ein christliches Kind namens Johannäken war im Mittelalter auf seinem Schulweg von Troisdorf zur nahegelegenen Klosterschule bei Siegburg ermordet aufgefunden worden. Zwanzig jüdische Bürger wurden verdächtigt, ihn im Rahmen eines Ritualmordes erschlagen zu haben. Johänneken wurde in der Folge als Heiliger verehrt und die der Tat verdächtigten Juden aus Troisdorf ohne jegliche Beweise ermordet. Die "Jroß" wies warnend darauf hin, dass man sich als Jude immer hüten müsse und insbesondere der Kirche nicht trauen könne. Nachdem Otto diese Schlussfolgerung noch mitangehört hatte, fuhr er ihr über den Mund: *"Ach, lass doch die alten Geschichten. Diese Zeiten sind vorüber. Juden sollten einfach nicht auffallen und dann geht es ihnen auch gut."*

Seine Frau warf ihm missbilligende Blicke zu. Dies galt weniger seinem Kommentar als seiner Person als Vater und Ernährer. Er war wenig präsent und überließ ihr die Sorge um die Kinder und vor allem um das Auskommen der Familie.

Die Ehe von Otto und Sophie war keine glückliche und wurde im Jahr 1914 endgültig geschieden. Aber einige Jahre vorher schenkte Sophie ihrem vierten Kind das Leben. Er wurde Paul genannt und kam im israelitischen Asyl in Köln auf die Welt.

In all dieser Zeit fühlten sich Sophie und Otto Jülich als durchaus gleichberechtigte deutsche Bürger israelitischen Glaubens und konnten als voll assimiliert bezeichnet werden. Ähnliche Tendenzen zeichnete sich auch in anderen deutschen Reichsgebieten in kaiserlicher, sowie in der folgenden Weimarer Zeit ab.[5] Die Loslösung von der jüdischen Orthodoxie hatte bereits im 19. Jahrhundert große Kreise des Judentums in Deutschland erfasst. Man strebte mehr und mehr nach wirtschaftlichem Erfolg, politischem Freisinn und patriotischem Engagement.[6]

Solches war auch die Grundeinstellung der Familie Jülich. Zwar nutzten sie ohne weiteres die Gemeindewohnung der Euskirchener Synagoge, aber sie fühlten sich in keiner Weise zu einem jüdischen Lebensstil verpflichtet. Ganz im Gegenteil, suchten sie zunehmend nach Anerkennung außerhalb des Gemeinderahmens in ihrer Umwelt. Die künstlerischen Ambitionen von Otto - und mehr noch die seines älteren Bruders Paul - sind ein klarer Indiz dafür.

---

[5] Benz, S.218, 220.
[6] Bruer, A., S.375 et passim.

2. **Otto als Künstler**

Zu einem unbekannten Zeitpunkt entschied sich Otto für eine künstlerische Laufbahn. Er besaß eine wohlklingende Stimme, hatte Sinn für Humor und fand mit seinen in rheinischem Tonfall vorgebrachten Witzen und Anekdoten viel Anklang in seiner Umgebung. Natürlich beherrschte er auch Kölsch, legte aber ebensoviel Wert auf ein gepflegtes Hochdeutsch. Seine klangvolle Stimme und eine ausgeprägte Mimik dienten ihm als Arbeitsinstrumente.
Vielleicht war hierbei auch die Familiengeschichte ein wenig im Spiel. In dieser findet sich im ersten Teil des 19. Jahrhunderts einer seiner Vorfahren namens Michel Jülich aus Godesberg, der sich als Kantor - also Vorsänger in der Synagoge - ausgezeichnet hatte. Jedenfalls war Ottos ältester Sohn, Hermann, im Besitz einer wohllautenden Singstimme und trat im Kinderchor der Kölner Oper in "Carmen" auf und erhielt dafür ganze zehn Reichsmark.

Als Otto bereits Familienvater war, besaß er nur sporadisch eine feste Anstellung. Wenn er solchermaßen ans Haus gefesselt und in Laune war, las er den Kindern Märchen vor. Mein Vater gab mir den bekannten Dialog zwischen Rotkäppchen und dem Wolf folgendermaßen wieder:
Wenn das kleine Rotkäppchen mit heller, treuherziger Stimme die vermeintliche Großmutter befragte: "Großmutter, warum hast du so lange Ohren?" und Otto dann in tiefem Bass und mit wachsendem Crescendo: "Damit ich dich besser fressen kann" von sich gab, war der Höhepunkt der kleinen Vorführung erreicht. Die Kinder simulierten zutiefstes Erschrecken, um kurz darauf in schallendes Gelächter auszubrechen. Bei alldem waren sie bemüht, den Vater in Wort und Ton nachzuahmen. So selten diese amüsanten Darbietungen auch waren, umso mehr wurden sie von den Kindern geschätzt.

Außerhalb seines Hauses gab er sich als geselliger Lebemann und feierte "Fasteloven", den rheinischen Karneval, mit dem dazugehörigen Aufwand.

Abb. 6. Karnevalsfeier aus späteren Jahren – Otto mit Narrenkappe

Möglicherweise versuchte Otto sich sogar in Euskirchen selbst nach der Jahrhundertwende mit ersten Darbietungen. In den Zeitungen dieser Zeit ist mehrfach von Auftritten einiger Humoristen die Rede, wie im Kaisersaal des Hotels Pohé, in der Tonhalle und anderorts.[7] Namen werden nicht genannt, aber der Bedarf an Komikern innerhalb von Euskirchen und in nächster Umgebung ist belegt. Jedenfalls ist im Melderegister von ihm als "Artist" die Rede.

1907 zog Otto nach Köln, wo er im Meldebuch noch als Schneider und Händler erscheint. In den folgenden Jahren sondierte er den Boden für eine künstlerische Laufbahn und im Jahre 1913 wirkte er dort als Komiker. Otto wurde auch im Ausland aktiv. Eigenen Angaben zufolge trat er vor dem Krieg - gemeint ist der Erste Weltkrieg - in Zürich als "Artist" auf. In einem späteren Spezialrapport des Polizeikorps des Kantons Zürich vom 8.7.1935 wird er als Komiker und Humorist bezeichnet.

---

[7] Euskirchener Volkszeitung vom 9.3.1905

14

Wahrscheinlich war es aber die erfolgreiche Karriere seines älteren Bruders Paul gewesen, welche den wirksamsten Anstoß zu einer künstlerischen Laufbahn gegeben hatte. Dem vorher erwähnten, um acht Jahre älteren Bruder, Paul Jülich, war es gelungen, in Berlin als anerkannter Schauspieler und Humorist Fuss zu fassen. Zu Anfang des 20. Jahrhunderts war Berlin das renommierte Zentrum für Künstler, und ein dortiger Auftritt bildete den Gipfel einer künstlerischen Karriere. Paul Jülich wohnte mit seiner Frau in der Artilleriestrasse, einer Wohn- und Geschäftsgegend voller Leben und Treiben. Ein Inserat der Berliner Tageblatt vom 29.7.1909 machte auf seine "Nummer" im Apollo Theater aufmerksam:

Abb. 7. Anzeige im „Berliner Tageblatt" vom 29.7.1909

Paul Jülich trat auch zusammen mit Otto Reutter auf :

Königlich privilegirte Berlinische Zeitung

von Staats- und gelehrten Sachen.

№ 104.

Abend-Ausgabe.

Vossische **Zeitung.**

1908.

Montag, den 2. März.

Abonnements vierteljährlich (ohne Zustellungsgebühr) bei unserer Expedition für Berlin 4,50 Mk., bei den Postanstalten des Deutschen Reichs monatl. 2,30 Mk., vierteljährl. 7,20 Mk., für Oesterreich-Ungarn u. Kron. 8 Hell. Für das übrige Ausland nehmen das Postamt in Köln und auch die Postanstalten einiger Länder Abonnements entgegen, sowie unsere Expedition zum Preise v. 18 Mk. Fernspruch-Anschl.: Amt I. No. 1543. — Expedition: Amt I. No. 7453. Fernbruck-Anschluß der Redaktion: No. 52.

Anzeigen werden nach Schriftarten laut Tarif berechnet. Die Agospaltene Zeile in kleiner Schrift kostet für das Morgenblatt 80 Pf., für die Beilage "Für Reise und Wanderung" 60 Pf., für das Abendblatt 70 Pf., für die amtlichen Bekanntmachungen der staatlichen und städtischen Behörden 20 Pf. Im Agospaltenen "Reklameteil" kostet die Zeile dieser Schriftart 1 Mk. 50 Pf., unter "Geschäftliche Mitteilungen" 3 Mk. Post-Zeitungs-Preisliste Seite 207.

Im Verlage Vossischer Erben.

Redaktion und Expedition Breite Straße No. 8. u. 9., Berlin C.

Verantwortl. Redakteur (mit Ausnahme des Handelsteils) Hermann Bachmann in Berlin.

— Auf dem Märzprogramm des **Wintergartens** sind die Artisten diesmal in geringerer Anzahl als sonst vertreten, aber neben mehreren Nummern, die schon seit längere Zeit hier beschäftigt sind, wie die Phantasietänzerin De Dio mit ihren farbenglühenden Tänzen, die Tiller Girls und andere, tauchen wieder neue Sterne der Artistenkunst auf. Unter diesen besticht die amerikanische Sängerin Truly Shattuck durch die Schönheit ihrer Erscheinung und eine hübsche kräftige Stimme. Gennaro und Theol bieten in ihrer equilibristischen Produktion eine Leistung, die trotz aller Wagehalsigkeit doch mit vollkommener Sicherheit ausgeführt wird. Eine sehr hübsche Dressurnummer gibt Marquis-Daffie mit ihren klugen und hübschen Ponies zum Besten. Einen recht schweren Stand hat nach den Erfolgen Otto Reutters der Humorist Paul Jülich, dessen Kupletverse und noch mehr dessen Anekdoten jedoch immerhin Anklang im Publikum fanden. Die schöne Sängerin Hania de Vert und der Biograph vervollständigten den ersten Teil des Programms. Den zweiten Teil füllten einige Nummern der großen Ringkampf-Konkurrenz aus, die mit dem ersten März ihren Anfang genommen hat. Es scheint, als ob die vielfach gegen vorgekommene Robeiten erhobenen Proteste nicht ohne Wirkung geblieben sind. Gestern kämpften zuerst Albert Sturm-Berlin gegen den Italiener Bonola; der erstere blieb Sieger nach fünf Minuten. Ganz anders gestaltete sich der Kampf zwischen Savanné (Rheinland) und dem Singhalesen Willy Chase, der nach 25 Minuten als

Abb. 8. Anzeige in der Vossschen Zeitung vom 2.3.1908

16

Er wird ebenfalls in der "Geschichte des Grotesk-Komischen" namentlich erwähnt [8]:

> *„Eine Abart der sogenannten Salonhumoristen sind die jüdischen Komiker. Ferdinand Semmel war der erste, der mit seinen Jargonliedern ,unter diesen das „klassisch gewordene:*
> > *Eins, zwei, drei*
> > *An der Bank vorbei*
> *dieses Genre pflegte, und schier unabsehbar ist der Reigen all derer, die in seine Fußtapfen traten und sich Namen und Gold erwarben. Nathan Schwarz, Emil Schnabel, Donat Herrnfeld, Rott, Heinrich Eisenbach,* **Paul Jülich,** *der Wiener Volkssänger Hirsch, Fleischmann, Behrisch und viele, viele andere.... "*

Paul Jülich fand beim Berliner Publikum großen Anklang mit seinen Coupletversen und Anekdoten im Stil der rheinischen Humoristen.

Innerhalb der Familie Jülich genoss Paul hohes Ansehen und galt als ein bekannter Künstler, der es in der Hochburg der Kunst, in der schillernden Hauptstadt Berlin, zu Ruhm und Ehre gebracht hatte. Er war der Leitstern für alle Mitglieder der Familie Jülich, die vorwärts kommen wollten. Somit war es ganz natürlich, dass Otto bestrebt war, in seine Fußtapfen zu treten. Zunächst benannte er zwei seiner Kinder, die zweitgeborene Tochter Paula, und den allerjüngsten, Paul, nach dem Familienidol.

Im Laufe der Zwanziger Jahre übersiedelte Otto dann auch nach Berlin, wahrscheinlich mit Unterstützung des älteren Bruders. Drei seiner Kinder, Paula, Hermann und Paul folgten ihm dorthin. Hermann erzählte später, dass sein Vater dort auf der Kleinkunstbühne aufgetreten sei. Er war ein guter Witzeerzähler. Der korpulente Mann wusste mit todernster Miene auch seine Kahlköpfigkeit erfolgreich einzusetzen. Einer seiner Treffer war "Der Gang zum Friseur" :

---

[8] Flögel, K.F., S.413

Er zieht seinen Hut:
-Schönen guten Morgen, Meister.
-Womit kann ich dienen?
-Sie können. (er tippt auf seine Glatze mit mit den wenigen verbliebenen Härchen).
-Können sie mir die Haare ein bisschen locken?
-Kann ich schon, aber nicht versprechen, dass sie auch kommen.

Viel Gelächter erregte auch:
-Ich möchte den Scheitel direkt in der Mitte.
-Tut mir leid. Das geht nicht.
-Warum denn nicht?
-Sie haben eine ungrade Zahl von Haaren.

Er hatte die Lacher schnell auf seiner Seite, aber ein durchschlagender Erfolg im Berufsleben war ihm dennoch nicht beschieden.
Jedenfalls finden sich keine Spuren in den Media jener Jahre. Für eine kurze Zeit erhielt er eine Anstellung im Theater am Nollendorfplatz, allerdings lediglich als Statist. Vielleicht agierte er auch in anderen sogenannten Lichtspielhäusern. Meist jedoch handelte es sich um kurzfristige Auftritte in Künstlerkneipen. Dort war er bestrebt, die Aufmerksamkeit von anwesenden Journalisten auf sich zu ziehen.[9]
Von dem Beziehungsgeflecht von Künstlern und Reportern wird noch später die Rede sein.

Im Jahr 1928 starb Paul Jülich in Berlin. Otto kehrte der Reichshauptstadt den Rücken und wirkte weiterhin als Künstler und Humorist in Frankfurt und Umgebung. Zeitweise arbeitete er auch als Vertreter einer Firma für Wirtschaftsbedarf. Letzteres fällt bereits in den Rahmen einer neuen Epoche, der Ära des nationalsozialistischen Machtantritts im Januar 1933. Der Durchbruch der Nationalsozialisten hatte auch für Otto Jülich sofortige, einschneidende Folgen. Langfristig signalisierte es für Juden die Verdrängung aus dem wirtschaftlichen Leben in Deutschland. Die neue Rassenpolitik, welche die Menschen auf Grund ihrer Herkunft in Arier und

---

[9] Ganz allgemein zu diesem Thema in Tergit , *Käsebier erobert den Kurfürstendamm.*

Nichtarier einteilte, stigmatisierte Juden als ein minderwertiges, abartiges Bevölkerungssegment. Göbbels, der neue Propagandaminister, stimmte am 28.3.1933 die deutsche Öffentlichkeit in einer richtungsweisenden Rede im Kaiserhof in Berlin daraufhin ein. Am 7.4.1933 trat bereits der Arierparagraph in Kraft. Dieser bestimmte, dass Beamten nichtarischer Herkunft in den Ruhestand zu treten hätten. In staatlichen Institutionen verloren Juden zunächst ihre Anstellung. Ferner wurden durch die Gründung der Reichskulturkammer (RKK) im September desselben Jahres jüdische Schauspieler und Musiker de facto von künstlerischen Berufen ausgeschlossen.

Was war die RKK und was waren ihre Ziele? Es handelte sich um "eine riesige Kulturgewerkschaft, in der alles organisiert wurde, was `Kulturgut` erzeugte, verbreitete und absetzte. Es umfasste den Bereich vom Dichter und Schauspieler, über den Setzer, Geräuschmeister, schliesslich auch den Billetverkäufer und den Schallplattenhändler."[10] Ihr Hauptanliegen war letztlich und endlich, alle Andersdenkende und Nichtarier auszugrenzen.

Nur wer einer der Kammern der RKK angehörte, hatte Arbeitserlaubnis. Das betraf auch Ottos Sohn, Hermann Jülich, der in Gemeinschaft mit seinem Schwager, Hans Helmes, als Kunsthändler tätig war. Hermann Jülich, mein Vater, konnte fortan nicht mehr offiziell in Erscheinung treten, konnte aber dank der familiären Hilfsbereitschaft seines nichtjüdischen Schwagers weiterhin hinter den Kulissen wirken und sein Gehalt weiter von ihm persönlich beziehen.[11]

Diese Möglichkeit bestand für Otto nicht. Nur Persönlichkeiten höheren Ranges, wie beispielsweise der mit einer Jüdin verheiratete Hans Moser, konnten sich länger auf der Bühne halten. Otto war ein freischaffender Künstler der unteren Ränge. Der anwachsende und sich mit fortschreitender Zeit noch verstärkende Antisemitismus musste jedmögliche Anstellung in Deutschland erschweren und letzthin unmöglich machen.

---

[10] Heiber, S.135
[11] German, S.19ff

3. Der Anschlag auf von Papen im Januar 1933.

Der "Dortmunder Generalanzeiger" vom 13.1.1933 brachte, wie folgt, einen kurzen Artikel mit dem Titel "Der bewachte Herr von Papen":

"Über den Vorfall des Ex-Reichskanzlers von Papen in Dortmund teilen uns gut informierte Kreise Folgendes dazu mit:
Der ehemalige Komiker Jülich aus Köln, jetziger Vertreter einer Firma für Wirtschaftsbedarf, hörte auf einer Eisenbahnfahrt in seinem Abteil einige Herren eine Unterhaltung führen, die in ihm einen bestimmten Verdacht aufkommen liessen, als er von einer anderen Seite erfuhr dass der ehemalige Reichskanzler von Papen sich in gleichem Zug befinde.
Beim Aussteigen aus dem Zug auf dem Dortmunder Hauptbahnhof teilte er von Papen seine Wahrnehmung mit, der hierauf Anlass nahm, die dort stationierte Polizeiwache zu informieren und Schutz für seine Person zu beantragen, da er sich belästigt fühlte. Ein zufällig anwesender Kriminalbeamter erklärte sich bereit, von Papen im Auto des Dr. Springorum, der ihn erwartete, zu begleiten."

Zum besseren Verständnis der hier beschriebenen Vorfälle scheint eine kurze Skizzierung der politischen Lage angebracht:

Im Januar 1933 hatte die Regierung von Schleicher ihre Endphase erreicht, deren Schlusspunkt am 30.1.1933 mit der Ernennung Hitlers zum Reichskanzler gesetzt wird. Wir befinden uns sozusagen in den Todesstunden der Weimarer Republik. Im Laufe des besagten Januars 1933 finden Sondierungsgespräche zwischen führenden Industriellen und Politikern statt, unter ihnen auch der Ex-Kanzler von Papen. Letzterer begibt sich am 7.1.1933 zu einem Treffen mit dem Industriellen Springorum und befindet sich im Zug auf dem Wege nach Dortmund. Für die Vertreter der Wirtschaft sollte von Papens Rolle im weiteren Verlauf darin bestehen, Hitler im Falle dessen Ernennung zum Kanzleramt in ihrem eigenen Sinne im Zaume zu halten und zu mäßigen.[12]

---

[12] Luntowsky, S.84

Abb. 9. Franz von Papen

Eine besonders hohe Gewaltbereitschaft und Radikalisierung drückten dieser Endzeit der Weimarer Republik ihren Stempel auf. Es gab Hunderte von Toten anlässlich der zahlreichen, handgreiflichen Demonstrationen und Saalschlachten hauptsächlich seitens der Rechten, aber auch der Linken.[13]

Am 7.1.1933 trat Otto Jülich im Rahmen seiner damaligen Anstellung als Vertreter einer Wirtschaftsfirma eine Bahnfahrt in Richtung Ruhrgebiet an. Er nahm im Abteil Dritter Klasse mit dem Reiseziel Dortmund Platz. Er war ständig unterwegs und hatte die Gewohnheit angenommen, sich vielerorts umzuhören, ob für ihn auch Aussichten auf eine Position als Komiker bestünden.

Die weitere Details sind dem "Pariser Tageblatt vom 25.12.1934 mit dem Titel "Herr von Papen und sein Lebensretter" entnommen.

---

[13] Gisevius, S.128ff

Abb. 10. Leitartikel im „Pariser Tageblatt" vom 25.12.1934

Aus diesem Artikel und der vorher erwähnten Reportage im "Dortmunder Generalanzeiger" geht klar hervor, dass es sich bei dem Lebensretter um Otto Jülich handelte. Er wird dort als ein "aus Deutschland geflüchteter Artist" oder als "Künstler" bezeichnet. Der Bericht schildert im Detail die Vorgänge im Personenzug :

Zunächst weilte Otto in seinem Coupé zusammen mit einem Mann, der als "A" bezeichnet wird. In Düsseldorf stieg eine weitere als "B" bezeichnete Person hinzu. Er nickte hin und wieder auf der schaukeligen Fahrt ein, als ihn einige Gesprächsfetzen unweit von ihm aufhören ließen. "A" sagte zu "B" in einem verschwörerischen Ton: "Er ist drin, in der Zweiten Klasse...". Otto stellte sich weiter schlafend, konnte aber doch sehen, wie der eine dem anderen mehrere Revolver aushändigte und dazu bemerkte, er werde die Sache in Dortmund selbst regeln. Dieser Vorfall liess in ihm den Verdacht aufkommen, dass etwas "nicht Gutes" geplant sei. Er sann nach, wer die Person in der Zweiten Klasse sein könne, aber erst kurz vor Dortmund fiel der Name "Fränzchen". Damit wurde ihm endgültig klar, dass von dem ehemaligen Kanzler Franz von Papen die Rede sein musste.

Weiter heißt es im selbigen Artikel:
"Als der Zug nachmittags 15.42 in Dortmund einlief, eilte ich sofort auf den Bahnsteig an das Abteil Zweiter Klasse zu Herrn von Papen, teilte ihm kurz mein Erlebnis mit und warnte ihn, die Haupttreppe des Bahnhofs zu benutzen, da dort ein Attentat gegen ihn geplant sei. Von Papen erwiderte: "'Ich habe keine Angst", wurde aber gleichzeitig kreidebleich. Ich hielt ihn am Rock fest und rief zwei Dienstmänner herbei, die ihn auf dem Umweg über den Gepäckaufzug nach unten auf die Polizei-Bahnhofswache bringen sollten." [14]

Dann wird geschildert, wie sich circa 100 Randalierer an der Treppe sammelten und lautstark gegen von Papen demonstrierten, sobald sie ihn entdeckt hatten.

Weiterhin:
"Die Demonstranten, zweifellos Nationalsozialisten, teilweise auch in Uniform, warfen verschiedene Gegenstände nach Papen und es wurden auch mehrere Schüsse abgegeben. Aber von Papen blieb unverletzt. Das inzwischen alarmierte Überfallkommando zerstreute die Menge und von Papen fuhr unter starkem polizeilichen Schutz zu der Villa des Generaldirektors Dr. Springorum."

Aber vorher, noch auf dem Bahnhof, hatte sich von Papen bei Otto bedankt und ihn auf herzliche Weise aufgefordert, ihn doch einmal in Berlin zu besuchen. Als Otto selbst den Bahnhof verließ, wurde er von einer Rotte, unter der er einige Randalierer von vorhin wiedererkannte, angegriffen und niedergeschlagen und konnte sich nur mit Mühe zum Hotel Burghof schleppen. Einige Reporter stellten sich später bei ihm ein und versuchten ihm einzureden, dass die Angreifer Marxisten oder Kommunisten gewesen seien. Worauf er antwortete: *"Wenn die Kommunisten braune Hemden tragen, dann waren es eben Kommunisten".*
Soweit die Schilderung des "Pariser Tageblatts" [15]

---

[14] Pariser Tageblatt vom 25.12.1934
[15] o.c.

Otto selbst bezeugt später den Vorfall in einem anderen Zusammenhang anlässlich eines Verhörs bei der Schweizer Kantonspolizei:

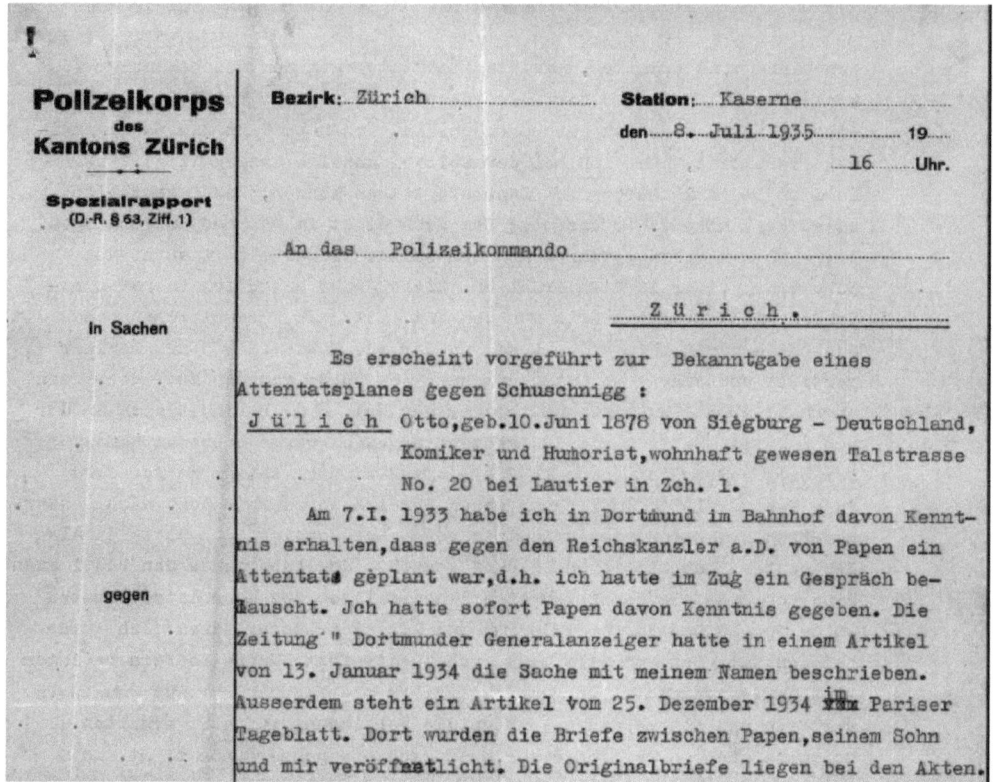

Abb. 11. Auszug aus dem Spezialrapport des Polizeikorps Zürich.

Wie vorher erwähnt, wurde der Vorfall auch in der deutschen Lokalpresse eine Woche nach den beschriebenen Ereignissen im „Dortmunder Generalanzeiger" 13.1.1933 kommentiert. Diese Version bringt zwar die Hauptfakten, aber in betont blasseren Tönen. Es ist lediglich von einer *Wahrnehmung,* einem *Verdacht*, und letztlich einer *Belästigung* die Rede. Auch insinuiert der Titel eine übertriebene Furchtsamkeit des Exkanzlers.

Die Geschehnisse am Bahnhof waren offensichtlich nicht unbemerkt geblieben. Da man sie nicht verschweigen konnte, wurde sechs Tage später besagter Kurzbericht verfasst, in welchem die gewalttätigen Vorgänge bewusst heruntergespielt und verharmlost wurden. Bezeichnenderweise wurden im Dortmunder Artikel die Attentäter selbst im nebulösen Hintergrund belassen. Dahinter stand offensichtlich der Wunsch, die Gewaltbereitschaft von rechts soweit wie möglich auszublenden.

Laut Akte des Koblenzer Bundesarchivs handelte es sich explizit um einen Attentatsplan auf von Papen. In eben diesem Zusammenhang wird auch der Reichsdeutsche Otto Jülich erwähnt.[16]

Man fragt sich, wer zu diesem Zeitpunkt Interesse an einer Gewalttat gegen den Exkanzler gehabt haben könnte.

In diesem Zusammenhang muss auf einen vorangegangenen, misslungenen Besuch von Hitler bei Hindenburg am 13.8.1932 hingewiesen werden, was eine grosse Spannung zwischen Hitler und von Papen erzeugt hatte.[17] Die Kreise die an Hitlers Machtantritt Interesse bezeigten, in diesem Falle maßgebende Industrielle, wollten vor allem einer Machtergreifung der Kommunisten zuvorkommen. Ein gewaltsames Vorgehen der Linken hätte propagandistisch genutzt werden können, Hitlers Ernennung zum Kanzler als einzige Alternative zu einem drohenden, kommunistischen Umsturz zu präsentieren. Aus diesem Grunde musste es sinnvoll erscheinen, die Angreifer als Marxisten zu markieren.

Hinzu kam, dass das Jahr 1932 ein extrem gewaltbereites gewesen war und bürgerkriegsähnliche Dimensionen angenommen hatte. Zwischen rechten und linken Wehrverbänden war es zu Straßenkrawallen, Schießereien, Saalschlachten und Mordanschlägen gekommen, bei denen etwa 300 Menschen starben und über 1100 verletzt wurden. Hinzu kam, dass der Hitlerjunge W. Wagnitz erst kurz vorher, am 1.1.1933, von einem Kommunisten ermordet worden war. Göbbels feiert ihn in einer "ergreifenden" Feier als Blutzeugen der Bewegung.[18]

In eben diese Periode fallen auch die verbalen, scharfen Attacken seitens Göbbels auf den jüdischen Vizepolizeipräsidenten Bernhard Weiss, der bis zum 20.7.1932 im Amt blieb. Göbbels war es gelungen die antisemitische Hetze, besonders in Berlin, auf neue Höhen aufzuladen[19]

---

[16] Inhaltsangabe der Akte "von Papen" N1649/9, Band 6, Artikel auf S. 17
[17] Gisevius, S.149
[18] Göbbels, Tagebücher, Bd. 2, vom 6.1.33
[19] Heiber, S.72ff et passim

26

Die allgemeine Polarisierung und Vorahnung des Kommenden wird in Roths erstem Roman, der die Zeit der Weimarer Republik beleuchtet, sehr anschaulich geschildert.[20]

Auf eben diesem Hintergrund darf ein Attentatsversuch nicht überraschen. Die Motive des Angriffs auf von Papen lassen sich, wie folgt, rekonstruieren.

Möglicherweise sah ein Teil von Hitlers Anhängern in von Papen, der dem monarchischen Flügel des katholischen Zentrums angehörte, einen ernsthaften Rivalen zur Kanzlerschaft und wollten ihn aus diesem Grunde aus dem Weg räumen. Das inzwischen durchgesickerteTreffen zwischen Hitler und dem Exkanzler am 4.1.33 gab vielen Gerüchten Auftrieb.[21]

Am 6.1.1933 erschien in der "Täglichen Rundschau" ein Artikel mit der Überschrift "Das Spiel hinter den Kulissen" über das Treffen mit Hitler, und man nahm an, dass von Papen dem Reichspräsidenten nahelegen sollte, Hitler als Kanzler zu nominieren.

Ganz generell bestand ein grundsätzliches Misstrauen nationalsozialistischer Parteigänger gegen gewisse, großbürgerliche, konservative Kreise, welche ihrerseits Machtansprüche hegten. Es war allgemein bekannt, dass Hitler die im vergangenen Herbst erlittene "Abfuhr" durch Hindenburg von Papen angelastet hatte und eine tiefe Abneigung gegen ihn hegte .[22] Somit mangelte es nicht an Motiven für ein Attentat der Nationalsozialisten gegen von Papen.

Der Angriff in Dortmund hatte noch ein Nachspiel, welches auch im "Pariser Tageblatt" geschildert wird:

Wie erinnerlich hatte sich von Papen bei Otto auf das Wärmste bedankt und ihn zu sich eingeladen. Tatsächlich erfolgte am 16.Januar 1933 eine Einladung nach Berlin. Otto wurde ein sehr freundlicher Empfang zuteil und von Papen erkundigte sich, wie er sich erkenntlich zeigen könne. Daraufhin erbat sich Otto ein Empfehlungsschreiben an ihm bekannte Wirtschaftsbetriebe, um als Vertreter agieren zu können. Ein wenig später

---

[20] Roth, passim

[21] Göbbels, Tagebücher Bd. 2, 6.1.1933, Anm. 3 zu dem besagten Zusammentreffen. Von Papens Vorschlag liefe auf eine Teilung der Macht hinaus, was für Hitler unakzeptabel war.

[22] Orth, S.264-265

erhielt er eine Dankespostkarte sowie ein offizielles Antwortschreiben des Exkanzlers, in welchem dieser es bedauerte, ihm in dieser Angelegenheit nicht behilflich sein zu können:

F. v. Papen
Sekretariat
> Berlin W, 8, 23, 1, 33,
> Wilhelmstr. 74

Sehr geehrter Herr . . .
Herr von Papen bestätigt mit bestem Dank Ihr Schreiben vom 16, ds. Mts. und bedauert ausserordentlich, dass es nicht in seinem Vermögen steht, Ihnen zu helfen,
Mit vorzüglicher Hochachtung
v. Wedemeyer.

Abb. 12. Auszug aus dem „Pariser Tageblatt" vom 25.12.1934

Von Papen wurde am 30.1.1933 im Rahmen der nationalsozialistischen Machtergreifung zum Vizekanzler ernannt und stürzte sich nun mit erneuter Energie in die Tagespolitik. Deren Hauptziel sah er und mit ihm der konservative Block in dem Unterfangen, Hitler zu "zähmen". Hitlers Nationalsozialisten sollten durch die acht konservativen "Fachminister" und den Vizekanzler "eingerahmt" und "an die Leine genommen werden". Diese Rechnung sollte, wie wir im Nachhinein wissen, nicht aufgehen und von Papen diente Hitler in der Folge lediglich als Deckmantel für die Entmachtung seiner Gegner und versagte letztlich gänzlich als "Chefaufpasser" Hitlers.[23]

Für Otto mündete diese politische Entwicklung in einen Prozess des unaufhaltsamen, wirtschaftlichen Abstiegs. Die zunehmend judenfeindliche Atmosphäre bedrohte in wachsendem Maße seine Existenzbasis. Durch die bereits früher erwähnte Gründung der Reichskulturkammer am 1.November 1933 wurden jüdische Schauspieler und Musiker gänzlich von künstlerischen Berufen ausgeschlossen und auch als Vertreter hatte er mit ähnlichen Schwierigkeiten im Laufe der folgenden zwei Jahre zu kämpfen. Man konnte bei ihm und anderen Juden von einer "direkten Verarmung"

---

[23] Idem S.291-295, 296

sprechen.[24] Es gab zwar seitens der jüdischen Organisationen Hilfsaktionen für jüdische Künstler[25], aber hiervon war Otto sicherlich ausgeschlossen, da er sich bereits von den Seinen de facto meilenweit entfernt hatte. Er war kein Mitglied einer jüdischen Kultusvereinigung. Er mochte sich selbst zwar nicht als Juden betrachten, aber für die Nationalsozialisten blieb er einer. Aus diesem Grunde wandte er sich erneut an von Papen, welcher es an Gesten in der Vergangenheit nicht hatte fehlen lassen, wohl aber an zugesagter Hilfe.

Am 2.Mai 1933 entschloss sich Otto, den Vizekanzler ein zweites Mal in Berlin aufzusuchen, "wo mich der später ermordete Mitarbeiter Papens, Herr von Bose, empfing und mir tatsächlich etwas half."[26]
Von Bose war offiziell ein Hilfsreferent in der Presseabteilung, galt aber als Vertrauter von Papens, und hat ihm offensichtlich Bargeld zukommen lassen. Otto war nicht der einzige, der in der Vizekanzlerei um Unterstützung bat und auch eine solche erhielt. Man liess nicht wenigen, durch das Regime Bedrängten kleine Beträge zur Deckung der Auswanderungskosten zukommen. Hierbei mangelt es an schriftlichen Belegen, um keinen zu belasten. Man sprach in der Regel persönlich vor, so wie es Otto hielt.[27] Von Papen bezeichnete das Vizekanleramt spöttisch als "Reichsbeschwerdestelle" [28] Wahrscheinlich missbilligte von Bose das Verhalten seines Chefs in dieser Sache und wollte Otto nicht gänzlich im Stich lassen. Am 17.6.1934 hielt von Papen seine regimekritische Marburger Rede, die nur einmal, in der Ausgabe der Frankfurter Zeitung vom selbigen Tag veroeffentlicht werden durfte. Einige Mitarbeiter des Vizekanzlers sorgten für die heimliche Verbreitung im Ausland. Hitler führte am 30.Juni 1934 einen Schlag gegen die ihm suspekte Vizekanzlei, in dessen Rahmen von Bose erschossen wurde.[29] Von Papen selbst ließ sich Otto gegenüber im weiteren Verlauf wiederholt verleugnen und antwortete ihm letztlich nicht mehr.

---

[24] Kulka, S.380
[25] idem, S.718
[26] Pariser Tageblatt vom 25.12.1934
[27] Orth, S.366-376
[28] idem, Anm. 809
[29] idem, S.495ff

In Ottos Frankfurter Wohnung in der Klapperfeldstrasse erschien im April 1934 die Gestapo, und beschlagnahmte diverses Schriftgut. Unter anderem den "Dortmunder Generalanzeiger" und das Dankesschreiben von Papens. Die Empfangsbestätigung der Gestapo wurde dann als Kopie dem Pariser Artikel beigefügt:

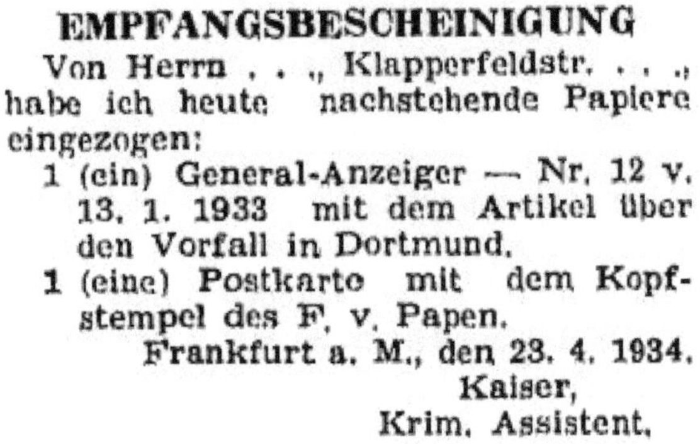

EMPFANGSBESCHEINIGUNG
Von Herrn . . ., Klapperfeldstr. . . .,
habe ich heute   nachstehende Papiere
eingezogen:
1 (ein) General-Anzeiger — Nr. 12 v.
13. 1. 1933   mit dem Artikel über
den Vorfall in Dortmund.
1 (eine) Postkarte   mit   dem Kopf-
stempel des F. v. Papen.
Frankfurt a. M., den 23. 4. 1934.
Kaiser,
Krim. Assistent.

Abb. 13. Auszug aus dem „Pariser Tageblatt" vom 25.12.1934

Spätestens ab dem Sommer 1934 lag es für jeden Klarsehenden auf der Hand, dass von Papen jeglichen Einfluss im Reichsinnern verloren hatte.[30]
Als die Drohungen gegen Otto nicht aufhörten und er so gut wie mittellos wurde, fasste das Ehepaar Jülich im Herbst 1934 endgültig den Entschluss, Deutschland den Rücken zu kehren und in das damals noch zu Frankreich gehörige Saarland zu emigrieren.

---

[30] Postert, A., Orth, R., "Franz von Papen an Adolf Hitler", S.259-287

4. In der Emigration

Am 12.9.1934 verließ Otto Jülich Frankfurt und begab sich nach Saarbrücken. Er kehrte nie wieder nach Deutschland zurück.
Was hatte ihn und seine Ehefrau Philippine, die er vor Jahren geehelicht hatte, zu diesem einschneidenden Schritt bewogen ?

Abb. 14. Otto Jülich in Frankfurt vor seiner Emigration

Nicht wenige, insbesonders bedrohte Juden, hatten Deutschland bereits im ersten Jahr der nationalsozialistischen Machtergreifung verlassen. Das betraf vor allem prominente Persönlichkeiten, wie den bereits erwähnten Bernhard Weiss, bekannt als "der Jude Isidor". Dieser hatte sich Ende März 1933 der Verhaftung durch die Flucht ins Ausland entgangen.[31]

---

[31] Heiber, S.72ff, Angress, S.,49-65, Benz, Paucker, Pulzer, *passim.*

Otto zählte in der frühen Phase des neuen Regimes nicht zu diesen ebenso bekannten, wie gefährdeten Persönlichkeiten. Er mochte möglicherweise auch einen persönlichen Grund für seine Flucht gehabt haben. Er war am 28.12.1932 durch das Amtsgericht in Karlsruhe zu einer Gefängnisstrafe von 3 Monaten und 2 Wochen wegen Betrugs und Urkundenfälschung verurteilt worden.[32] Die Strafe wurde ausgesetzt und Otto berichtete seiner Familie nie etwas über diese Angelegenheit. Aber zwei Jahre später, am 24.3.1934 kam wieder Bewegung in das Verfahren. Das Amtsgericht in Karlsruhe erhöhte die Strafe auf 6 Monate. Um welches Vergehen im einzelnen es sich gehandelt hatte, kann nicht mehr ermittelt werden, weil die gerichtlichen Bestände dieser Jahre zum allergrössten Teil durch Bombenangriffe im Zweiten Weltkrieg vernichtet wurden.[33] Es kam weder vor, noch nach diesem Datum zu einem Strafvollzug.
Bemerkenswert ist allerdings, dass die deutschen Behörden auch später Abstand von einer Auslieferungsbitte nahmen.[34] Bei diesem Stand der Dinge kann es notgedrungen nur bei Mutmaßungen bleiben. Wahrscheinlich handelte es sich um ein relativ geringfügiges Vergehen.

Ottos späterer Einwand bei der Züricher Polizei, dass es sich hierbei ausschließlich um politische Verfolgung handle,[35] scheint nicht der alleinige Grund für seine Emigration gewesen zu sein, spielte aber dennoch eine bedeutende Rolle. In Ottos Wiedergabe der Ereignisse war vom mehrfachen Erscheinen der Gestapo in der Frankfurter Wohnung der Jülichs in der Klapperfeldstrasse die Rede gewesen.: *"..wurde mir die Geheime Staatspolizei auf den Hals gehetzt. Meine Frau und ich wurden ständig von Beamten der Gestapo bewacht und wir litten derart unter diesem Druck, dass wir mehrere Selbstmordversuche machten, die aber missglückten."* [36]

---

[32] Das geht aus einem späteren Schreiben des Oberstaatsanwalts Kassel an den Polizeipräsidenten Amsterdam vom 13.8.1935 hervor

[33] Information des Hessischen Hauptstaatsarchivs vom 22.3.2020 durch Dr. Peter Sandner.

[34] Siehe Anm.32

[35] Polizeirapport Zürich vom 8.7.1935

[36] Pariser Tageblatt vom 25.12.1934

Hinzu kam eine permanente wirtschaftliche Misere: "*Ich flüchtete am 3.September 1934 nach Saarbrücken. Meine finanzielle Lage hatte sich inzwischen immer weiter verschlechtert. Ich war so gut wie mittellos.*"[37]
Der rasant anschwellende Antisemitismus trug das Seine dazu bei. Das war nicht mehr "der gute, alte Antisemitismus", der von wirtschaftlichen Neidgefühlen genährt worden war und sich vor allem gegen die Berliner Kurfürstendamm-Juden richtete, die ihren Wohlstand zur Schau trugen, was sogar in jüdischen Kreisen abfällig angemerkt wurde.[38] Auch das Schicksal anderer jüdischer Künstler kann Otto, der ein passionierter Zeitungsleser war, kaum entgangen sein. Der erfolgreiche Schauspieler Josef Schaper, hatte beispielsweise auf Rat seines Intendanten seinen ursprünglichen Familiennamen Schapira, der die jüdische Herkunft offenlegte, in Schaper verdeutscht. Am 1.April 1933, dem von den Nazis gegen die Juden ausgerufenen Boykott-Tag, war er von einer SA-Gruppe direkt aus einer Probe herausgeholt worden, worauf er Deutschland schleunigst verließ. Aber auch nichtjüdische Journalisten und Schriftsteller sahen sich gezwungen, Deutschland aus "weltanschaulichen" Gründen den Rücken zu kehren. Jüdische Oppositionelle wie der Sozialdemokrat Ernst Heilmann wurden in KZs inhaftiert. Von Papen in seiner Eigenschaft als Vizekanzler machte auch keinen Versuch, sich für Heilmann einzusetzen.[39]

All dies musste auch Otto, der sich als Sozialdemokrat ausgab, zu denken geben. Allerdings war er selbst politisch kaum aktiv und konnte aus diesem Grunde nicht als besonders gefährdet gelten. Auf keinen Fall konnte er mit dem Beistand des Vizekanzlers rechnen. Spätestens seit von Papens kritischer Rede am 17.6.1934 in Marburg gegen den Nationalsozialismus war es offensichtlich, dass es von Papen an jeglichem Einfluss auf Hitler mangelte. Als der greise Reichspräsident Hindenburg am 2.8.1934 starb, verlor von Papen auch den offiziellen Posten eines Vizekanzlers. Hitler regelte fortan alles selber.

Warum Otto wie viele andere das Saarland als neuen Aufenthaltsort erwählte, ist leicht zu ergründen. Das Saarland war zum damaligen

---

[37] o.c.
[38] Bergmann, Wetzel, S.175 et passim
[39] Petzold, S.168

Zeitpunkt noch unter französischer Verwaltung und war sozusagen "nebenan". Man konnte sich der Illusionen hingeben, in "besseren Zeiten" wieder umgehend zurückzukehren. Das Saarland gehörte deutschsprachigen Raum, in dem ein Künstler hoffen durfte, sich ein neues Wirkungsbereich zu schaffen. Otto berichtet später im Schweizer Rapport[40], dass er im Oktober/November 1934 in einer Emigrantenwirtschaft im Theatercafé und im Café Metropol in Saarbrücken verkehrt habe. Dort konnte er schliesslich als Humorist mit traditionellen Standardwitzen sein Publikum erfreuen: Die Emigranten waren immer gerne bereit, die bekannten Couplets von Reutter, wie "Der Überzieher", zu hören und in wieherndes Gelächter auszubrechen. Sein Publikum vermochte sich wieder in die "Goldenen Berliner Jahre" zurückzudenken, und das war eine wohltuende Ablenkung von dem peinvollen Flüchtlingsdasein in einem fremden Land. Mit seiner Familie verkehrte Otto fortan nur brieflich. Dies in der Hauptsache mit seiner ältesten Tochter Liesel, die in Düsseldorf mit dem "arischen" Hans Helmes verheiratet war.

Bereits im November desselben Jahres (1934), übersiedelte er nach Paris.
Für den 13. Januar 1935 war eine Volksabstimmung im Saarland vorgesehen, in welcher sich die Bürger für ihre nationale Zugehörigkeit zu entscheiden hatten. In den Monaten vor dieser Saarabstimmung war eine rege Kampagne der deutschen Rechten im Gange und es wurde zunehmend klar, dass sich die große Mehrheit für die Zugehörigkeit zum Deutschen Reich bekennen würde, was dann auch tatsächlich geschah. Folglich wechselten Otto und seine Frau bereits im November 1934 erneut ihren Wohnsitz und zogen nach Paris. Soweit mir bekannt ist, beherrschte Otto keine Fremdsprachen, mag sich aber im Verlauf der folgenden Jahre einige Französischkenntnisse angeeignet haben.

In der Zeit bis zu seinem Tode pendelte er zwischen Holland, Paris, der Schweiz, und letztlich Österreich hin und her. In Amsterdam gelang es ihm, sich einen Kontrakt bei dem bekannten Impresario van der Geldern zu beschaffen, welcher sich darauf spezialisierte, ausländische Künstler zu präsentieren. Hauptsächlich aber weilte er in Paris und war in der Rue de

---

[40] Züricher Polizeirapport vom 8.7.1935
34

Malte 49 registriert. Wie aber konnte sich ein deutschsprachiger Künstler in Frankreich über Wasser halten?

Naturgemäß verkehrten Otto und seine Frau während ihrer Aufenthalte in Paris hauptsächlich in deutschen Emigrantenkreisen. In diesen lernte er unter anderem einflussreiche Journalisten kennen, die im deutschsprachigen "Pariser Tageblatt" publizierten. Hier konnte er seine Begegnungen mit von Papen in dem Artikel vom 25.12.1934 zur Sprache bringen, ohne diesen freilich zu signieren. Es handelte sich nicht nur um einen persönlichen Erlebnisbericht, sondern auch um politisches Kalkül. Die Pariser Emigrantenzeitung pflegte sich intensiv und auf fast täglicher Basis mit den Vorgängen im Deutschen Reich auseinanderzusetzen. Nach eigenen Worten ging es Otto vor allem darum, von Papen als gewissenlosen Wortbrecher zu entlarven. Zum Zeitpunkt der Veröffentlichung des Artikels vom 25.12.1934 stand die Abstimmung im Saargebiet unmittelbar bevor. Von Papen war als vorgesehener Saarkommissar im Gespräch. Eben das sollte dieser Artikel offenlegen. Otto wollte der Leserschaft vor Augen halten, dass es sich bei von Papen um einen Politiker handelte, der nicht zu seinem Wort stand und auf den man besser nicht bauen sollte.

In den Pariser Emigrantenkreisen fand sich ein passendes Publikum für Otto. Er trat als Komiker im Bierhaus de Mayence (brasserie de Mayence) in der rue Hauteville auf, sowie im Restaurantbetrieb "Chez Paul" in der rue de Berenger, unweit vom Place de la Republique.[41] Auch von Darbietungen in einem Lokal in der rue de Lafitte 36 ist in besagtem Dokument die Rede. Außerdem gab es die sogenannten "cafés chantants", in welchen Sänger und Schauspieler sich auf einer kleinen Bühne oder Estrade produzierten. Es handelte sich in den meisten Fällen um Speisehäuser verschiedener Kategorien, aber wahrscheinlich auch um Lokale der leichten Muse.
Darüber hinaus wurden ihm ebenfalls Angebote für Kabarettauftritte, in den Baseler Etablissements "Le Cardinal", sowie dem "Kabarett Klara" in Aussicht gestellt.[42]

---

[41] Polizeibericht Paris vom 25.3.1935
[42] o.c.

Es mag zunächst verwundern, dass es überhaupt in Paris soviel Bedarf an deutschsprachiger Unterhaltung gab. Seit der nationalsozialistischen Machtübernahme hatten mehr und mehr politisch verfolgte Deutsche begonnen, sich in Frankreich niederzulassen. Zur Mitte der 30-er Jahre gehörten ca. 20% der deutschen Flüchtlinge in Frankreich zur "politischen Emigration". Unter ihnen viele Intellektuelle wie Thomas Mann und Stefan Zweig, welche hauptsächlich im Süden Frankreichs lebten. Auch Robert Stolz und Paul Abraham beispielsweise flüchteten zunächst nach Paris, ehe sie den Atlantik überquerten.

In Paris selbst herrschte eine rege, kulturelle Aktivität im deutschen Unterhaltungsbereich. Ganz zu Anfang der Emigrationswelle wurden vier deutschsprachige Theater und Kabarette gegründet, die sich aber alle nicht lange halten konnten.

Im Gegensatz zu den Prominenten litt die große Masse der Emigranten sowohl unter einem gerüttelten Mass an Xenophobie, was angesichts des letzten Weltkrieges nicht verwundern darf, als auch unter großer, wirtschaftlicher Misere infolge der Krise von 1929.[43]

1934 flüchteten sich viele Saaremigranten nach Frankreich. Es wird geschätzt, dass ca. 1000 dieser Flüchtlinge illegal die französische Grenze überschritten, weil das Deutsche Reich ihnen die Pässe entzogen hatte. Nicht wenige lebten unter diesen Umständen in steter Furcht vor Ausweisung. Otto hatte das Glück, einen gültigen Pass zu besitzen und mochte sich relativ sicher in Paris wähnen. Aber auch diejenigen, die im Besitz legaler Reisepässe waren, konnten des Landes verwiesen werden, wenn sie unerlaubt arbeiteten oder an "politisch unerwünschten Aktivitäten" teilnahmen. Somit war eine Ausweisung immer im Bereich des Möglichen, auch ohne triftigen Grund, und schwebte als permanentes Damoklesschwert über den Emigranten.[44]

Im deutschsprachigen Publikum gab es aber nicht nur Verfolgte und Vertreter der deutschen Opposition. Auch die Nationalsozialisten hatten ihren Anteil und agierten zum Teil recht offen in den verschiedensten

---

[43] Fabian, Coulmas, passim

[44] ibid

Lokalitäten. Eine solche existierte auch in der Rue Lafitte 36.[45] In der Emigrantenzeitung "Pariser Tageblatt" wurden nationalsozialistische Sympathiesanten ganz offen zu einem "Eintopfessen" mit Veranstaltung eingeladen.[46] Ähnliche Treffen fanden dort jeden Mittwoch, Freitag und Sonntag statt. Am 30.3.1935 war in der Taverne de Hauteville sogar ein Eisbeinessen angesagt.

Otto Jülich wurde auch hier um seine Auftritte gebeten und verweigerte sich keineswegs. Seine Zugehörigkeit zum Judentum war dem dortigen Publikum offensichtlich nicht bekannt. Für sie war er lediglich ein rheinischer Komiker, was sich mit Eisbeinessen glänzend vertrug. Otto sah sich generell nicht in der Lage, solche Angebote auszuschlagen. Er war kein Kostverächter und neigte bereits seit Jahren zur Dickbäuchigkeit und Fülle. Außerdem hörte man bei solchen Gelegenheiten so manches, mitunter auch brisante Pläne und Ränke. Von diesen wird schon in folgendem Kapitel die Rede sein.

Generell gab es ein erstaunlich reich gefächertes Angebot an deutschsprachiger Unterhaltung. Neben Ottos Wohnort in der rue de Malte 50 hatte das Alhambra Kino seinen Sitz und gab täglich "Tout pour l`Amour" in Deutsch[47], wohingegen das "Alexandria" und der "Cristal Palace" den stark antisemitisch geprägten Film "Jud Süß" präsentierten. Ansonsten wurden auch Operetten und Opern wie "Die lustige Witwe", "Rosemarie", und "La Boheme" in der deutschen Fassung angeboten.

---

[45] Polizeirapport Zürich, 8.7.1935
[46] Pariser Tageblatt vom 27.3.1935
[47] Pariser Tageblatt vom 28.4.1935

Abb. 15. Das Alhambra Kino in Paris in den 30-er Jahren.

5. Der bedrohte Kanzler

Anlässlich seiner Auftritte wurde Otto häufig zufälliger oder unfreiwilliger Mithörer von Gesprächen. Die Emigranten pflegten leidenschaftliche Diskussionen miteinander zu führen. Diese mündeten meist in eine Interpretation der allgemeinen politischen Lage, welche ihre persönliche Zukunft in höchstem Maße beeinflussen könnte. Otto hatte auf Grund der von ihm gesammelten Erfahrung mit von Papen in Dortmund ein besonders feines Gehör entwickelt, wenn das Gespräch auf hochrangige, umstrittene Politiker kam. Ein solcher war der österreichische Kanzler Kurt Schuschnigg, der im Februar 1935 zu einem Staatsbesuch in Paris erwartet wurde.

Abb. 16. Kurt Schuschnigg, 1936

Dr. Kurt Schuschnigg war 1932 unter seinem Vorgänger, Dollfuss, zum Justizminister ernannt worden. In dieser Eigenschaft hatte er den Kanzler bei der Niederwerfung eines sozialistischen Aufstandes tatkräftig unterstützt und viele Todesurteile ergehen lassen. Bei letzterem machte er sich unweigerlich die Linke zum Feind. Zwei Jahre später wurde Dollfuß im Verlauf eines Putsches der Nationalsozialisten ermordet. Im Juli 1934 wurde Schuschnigg österreichischer Kanzler und damit auch zur Zielscheibe von Angriffen seitens der illegalen, nationalsozialistischen Rechten.[48] Folglich diente er sowohl den Linken als auch den extrem Rechten als Feindbild. Von seinem Besuch in Paris und dann auch in London erhoffte er sich eine bindendere Unterstützung für Österreich im Bezug auf Mussolini im Süden und Deutschland im Norden.

Otto legt in dem bereits erwähnten Polizeirapport in Zürich dar, auf welche Weise er persönlich in zwei Attentatsversuche gegen den österreichischen Kanzler involviert war und warum er überhaupt am 10.4.1935 plötzlich Paris verlassen habe und sich in Zürich eine neue Bleibe in der Talstrasse 20, bei einer Familie Lautier, gesucht habe. Er habe Paris so eilig verlassen müssen, dass sowohl seine Frau und auch seine Koffer dort zunächst verblieben waren.[49]

Bei der Züricher Polizei macht er folgende Angaben:
"*Im Oktober/November habe ich in Saarbrücken in einer Immigrantenwirtschaft verkehrt. Dort bin ich mit einem abgesetzten Kreisleiter der Nationalsozialisten von Charlottenburg zusammengekommen...... Von diesem Kreisleiter hatte ich einen Wink erhalten, dass ein Attentat gegen den Reichskanzler Schuschnigg bei seiner Reise nach Paris geplant sei und zwar hätte dies im Bahnhof selbst geschehen sollen. Ich habe dann die Sache indirekt vereitelt, indem ich bei der Polizei Anzeige machen liess. Die Polizei in Paris hatte sich überzeugen können, dass tatsächlich etwas geplant war. Schuschnigg ist dann nicht im Bahnhof ausgestiegen.*"[50]
Otto hatte diese Information diesmal nicht bei einem seiner Auftritte, sondern anlässlich eines "gesellschaftlichen" Ereignisses erhalten. Er hatte sich mit dem ehemaligen Kreisleiter in einem Wettbüro getroffen.[51]

---

[48] Suppan, Hrgb., Band 10, S.7
[49] Polizeirapport Zürich, 8.Juli 1935
[50] ibid
[51] ibid

Schuschnigg traf in der Tat am 21.2.1935 abends in Paris ein, was auch auf der Ausgabe des Figaro von selbigem Datum vermerkt wird.[52] Dort erscheint ein detaillierter Bericht über die Ankunft des österrreichischen Staatsoberhaupts. Er sei eigentlich auf dem Zentralbahnhof (Gare de l'Est) erwartet worden. Doch habe die Polizei eine hassvolle und bedrohliche, vorgeplante Manifestation gegen Schuschnigg verhindern wollen und habe deshalb Schuschnigg auf einem kleineren Bahnhof (Gare de Reuilly) aussteigen lassen. Nur 15 Personen seien zugelassen worden. Der Verfasser des Artikels sah in letzterem einen Affront gegen einen befreundeten Staatsmann. Das österreichische Staatsoberhaupt sei sozusagen "über die Bedienstetentreppe" in Paris in Empfang genommen worden, verstieg sich auch der "Völkische Beobachter".[53]

Die "Sächsische Volkszeitung" vom 26.2.1935 geht noch darüber hinaus und zitiert unter anderem das französische Blatt "Ami du Peuple", laut welchem "ein Anschlag" gegen Schuschnigg geplant gewesen sei. Die Zeitung berichtet, dass die Polizei wenige Tage vor der Ankunft des österreichischen Kanzlers aus sicherer Quelle erfahren habe, dass "gewisse gefährliche Elemente in der französischen Hauptstadt eingetroffen seien, um Schuschnigg zu ermorden":

---

[52] "Le Figaro", 22.2.1935: "Le chancelier Schuschnigg est depuis hier soir à Paris"

[53] Völkischer Beobachter, Wiener Ausgabe vom 23.2.1935.

Sächsische Volkszeitung

Nummer 48 — 34. Jahrgang

Ausgabe A—B und C

Dienstag, den 26. Februar 1935

Unabhängige Tageszeitung
für christliche Politik u. Kultur

Ein bedauerlicher Zwischenfall in Paris

Bundeskanzler Schuschnigg mußte im Interesse seiner Sicherheit am Sonntagmorgen einem offiziellen Gottesdienst fernbleiben

Ami du Peuple will wissen, daß tatsächlich gegen Schuschnigg ein Anschlag geplant gewesen. Die Polizei habe wenige Tage vor der Ankunft des österreichischen Bundeskanzlers aus sicherer Quelle erfahren, daß gewisse gefährliche Elemente in der französischen Hauptstadt eingetroffen seien, um Schuschnigg zu ermorden.

Abb. 17. Die „Sächsische Volkszeitung" vom 26.2.1935

Wer waren diese "gefährlichen Elemente"? Im "Figaro" ist von Demonstrationen der „Front commun" - einer marxistisch-kommunistischen Gruppierung die Rede. Otto Jülich aber sprach von der Gegenseite, nämlich den Nationalsozialisten. Hinter dem Mord an Schuschniggs Vorgänger Dollfuss hatte ja bekanntlich das nationalsozialistische Deutschland gestanden.[54] In den Dreißiger Jahren gab es mehrere von Berlin finanzierte Attentatsversuche dieser Art.[55] Es war nun letztlich die Linke, die in Paris vehement gegen Schuschnigg demonstrierte. Das schließt nicht aus, dass die Nationalsozialisten ebenfalls gegen Schuschnigg vorgehen wollten. In der damaligen politischen Realität war beides durchaus miteinander vereinbar.

---

[54] Shirer, S.269-270
[55] o.c. S.310

42

Schuschnigg verliess indes Frankreich unversehrt wenige Tage später und setzte seine Konsultationen in London fort.

Otto trat weiter in dem von Nazis in Paris frequentierten Lokal an der rue de Hauteville auf und in einer anderen von ihnen aufgesuchten Lokalität in der rue Lafitte 36, wo er von ihnen als ihresgleichen behandelt wurde. Ende Februar 1935 vernahm er dort, dass diese immer noch an den ursprünglichen Attentatsplänen gegen Schuschnigg festhielten. *„Die ganze Bande habe sich im März nach Holland begeben, um ihre Versuche später, an anderem Orte, fortzusetzen"*, erzählt er der Schweizer Polizeibehörde.[56]

Zunächst setzte Otto sich mit der österreichischen Gesandschaft in Paris in Verbindung, welche ihrerseits die Angelegenheit an das Bundeskanzleramt in Wien weiterleitete.[57] Dort heißt es:
„Otto Jülich bezeichnet sich als deutschen Flüchtling und früheres Mitglied der deutschen, sozialdemokratischen Partei. Sein Beruf als Komiker ermögliche ihm, vielfältige Kontakte anzuknüpfen. Er habe so einen gewissen Dedek, ehemaligen Fremdenlegionär, kennengelernt und dieser habe ihm vier weitere Kontakte verschafft. In diesem Zusammenhang habe er namentlich Hinweise auf folgende Personen gegeben: einen gewissen Klukowski, einen Martin Berg, einen Oberleutnant von Spreer, und einen Herrn Klein, die einen Anschlag nunmehr in Wien planten." Otto konnte sogar Details angeben, zum Beispiel, dass die Verschwörer in Café Blum im 2. Bezirk von Wien ihre Zusammenkünfte abzuhalten pflegten.

Otto kontaktierte ausserdem auch das österreichische Konsulat in Amsterdam. Im Gespräch mit dem dort amtierenden Gesandten, Graf Orsini, erfuhr er, dass letzterer in der besagten Sache bereits einen anonymen Brief erhalten habe, dessen Angaben sich mit den seinen deckten. Es muss also mehrere Informanten in derselben Angelegenheit gegeben haben. Graf Orsini traf sich wenig später ein weiteres Mal mit Otto in Den Haag.

---

[56] Polizeirapport Zürich vom 8.7.1935
[57] Bericht des Gesandten Egger in Paris an das Amt für Auswärtige Angelegenheiten, Wien, No.2396/ Res. 32339 vom 16.3.1935

Otto konnte sich mittlerweile nicht des Gefühls erwehren, dass die Nationalsozialisten inwischen herausgefunden hatten, wer sie verraten hatte, und flüchtete aus diesem Grunde eilig in die Schweiz.[58]

Wie lassen sich seine hartnäckigen Warnversuche über den moralischen Aspekt hinaus erklären? Er selber betont letzteren:

„Diese Sache von Schuschnigg habe ich nur aus moralischen Gründen zur Anzeige gebracht.":

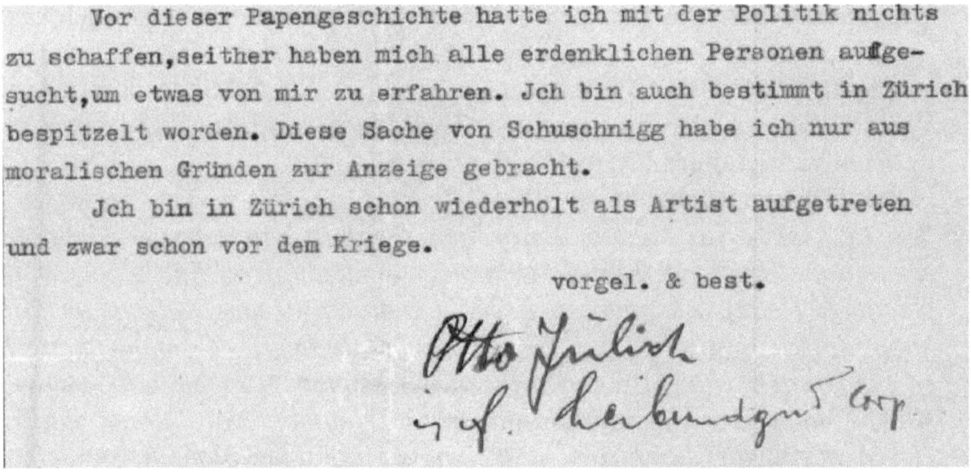

Vor dieser Papengeschichte hatte ich mit der Politik nichts zu schaffen,seither haben mich alle erdenklichen Personen aufgesucht,um etwas von mir zu erfahren. Jch bin auch bestimmt in Zürich bespitzelt worden. Diese Sache von Schuschnigg habe ich nur aus moralischen Gründen zur Anzeige gebracht.

Jch bin in Zürich schon wiederholt als Artist aufgetreten und zwar schon vor dem Kriege.

vorgel. & best.

Abb. 18. Aus dem Polizeirapport in Zürich am 8.7 1935

Man darf annehmen, dass er sich als ein "nützlicher" politischer Flüchtling erweisen wollte, der die örtlichen Behörden unterstützt, indem er ihnen Mitteilung von den Ränken der Nazis macht. Wenn sein deutscher Pass in den nächsten Jahren auslaufen würde, könnten seine Mitteilungen möglicherweise die französischen Behörden für ihn einnehmen. Vielleicht würde er leichter die in Zukunft benötigten Aufenthaltsbewilligungen erhalten.

Wie gingen die österreichischen Organe mit diesen Meldungen um?

---

[58] Polizeirapport Zürich vom 8.7.1935

44

Sie nahmen Ottos Warnungen zunächst durchaus ernst und überprüften seine Angaben. Am 12.4.1935 erging eine Antwort aus dem Bundeskanzleramt in Wien an die Gesandschaft in Paris.[59]

Zusammenfassend lautete sie folgendermassen: dass die von Otto genannten Personen (Klukowski, Klein, Oberleutnant von Spreer, Zarembo, Wirschowsky) welche in Wien angeblich ein Attentat zu verüben planen, nicht zur Polizeilichen Anmeldung gelangt waren. Die österreichische Polizei verhörte Martin Berg, befand dessen Angaben für richtig und ließ ihn wieder frei. Dedek war als bekannter Betrüger ausgebürgert worden. Seine Mitteilung an Jülich - so schätzte man - dürfte erfunden sein. Das genannte Cafe Blum existiere nicht. Die österreichischen Behörden folgerten aus alldem, dass Ottos Warnung nicht ernst zu nehmen sei.

Dem möchte ich Folgendes entgegenhalten:
Ein Teil der Namen (Dedek, Berg) konnte mit bekannten Personen gleichgesetzt werden. Dass andere nicht im Melderegister erschienen, beweist nicht, dass sie nicht existierten. Es mochte sich auch um fingierte Namen gehandelt haben. Es musste letzlich im Interesse von Attentätern gewesen sein, im Verborgenen zu bleiben. Otto mochte sehr wohl Gehörtes weitergegeben haben, ohne die Möglichkeit des Überprüfens gehabt zu haben. Dass Berg als ein bekannter Geschäftsmann in Wien tätig war, schloss auch keineswegs aus, dass er anderweitig als Agent für die Nationalsozialisten tätig war. Bei Laqueur/Breitmann findet sich eine treffende Schilderung dieser Doppelwelten.[60] Gleichermaßen mag das besagte Café Blum in Wien entweder ein Deckname oder auch ein Irrtum gewesen sein.

Bei der Einvernehmung von Otto in Zürich am 16.7.1935 kommen noch einige Angaben hinzu: dass es sich bei dem geplanten Attentat auf Schuschnigg in Wien um eine Gruppe von 14-15 Personen handele, deren Anführer ein gewisser Joan Ackermann sei. Es handele sich um einen ehemaligen Kommunisten, der zu den Nazis übergetreten sei. Es sei geplant *"etwas auf Ende Juli gegen von Schuschnigg zu unternehmen."*

---

[59] Brief von 12.4.1935, Z. 33.268-13
[60] Laqueur, W., Breitmann, R.

Das Polizeikorps Zürich gelangte seinerseits zur Überzeugung, dass Ottos Aussagen in Bezug auf Schuschnigg keineswegs aus der Luft gegriffen seien und verweist auf den Unfall von Schuschnigg "dieser Tage". In diesem Zusammenhang "*fällt das Zusammentreffen mit den Angaben des Jülich auf.*"[61]

Am 13.7.1935 hatte sich nämlich Folgendes zugetragen:
Die Familie Schuschnigg, der Kanzler mit Ehefrau Herma und dem neunjährigen Sohn Kurt, war auf dem Weg nach St. Gilgen zu ihrem Urlaubsort, als ihr Wagen bei Linz von der Fahrbahn abkam. Er prallte mit hoher Geschwindigkeit gegen einen Baum. Die fünfunddreißigjährige Herma Schuschnigg war sofort tot. Der Chauffeur Hans Tichy wurde schwer verwundet. Die anderen Insassen kamen mit leichtenVerletzungen davon.

Abb. 19. Unfallwagen der Familie Schuschnigg

---

[61] Polizeirapport Zürich vom 16.7.1935

Die Polizei hegte - genau ein Jahr nach dem Dollfuß-Mord - den Verdacht, dass der Unfall die Folge eines Attentats war. In der Tagespresse wurde über die möglichen Ursachen gerätselt.
"Die Kleine Volkszeitung" vom 14.7.1935 war der Ansicht, dass ein Unwohlsein den Fahrer befallen hätte oder das Auto defekt gewesen sei. Die Strassendecke sei einwandfrei befunden worden.

Abb. 20. Bericht über den Autounfall von Schuschnigg

Ein späteres Interview mit Kurt Schuschnigg Junior gibt der Sache jedoch ein anderes Gesicht:

"Unser Fahrer war ein absolut zuverlässiger Mann. Er saß am Abend vor dem Unglück in seinem Stammgasthaus, trank ein Glas Bier und schlief dann an seinem Tisch ein. Das Bier wurde ihm laut Aussage des Wirten von einem Fremden spendiert. Die Annahme, dass sich jemand an seinem Bier zu schaffen gemacht hatte, liegt nahe. Der Fahrer holte die Familie Schuschnigg am nächsten Morgen in völlig übermüdetem Zustand ab und wurde auf der Fahrt ins Salzkammergut vom Sekundenschlaf überrascht. Alles wurde untersucht, man konnte es nicht beweisen. Aber wenn Sie mich nach meinem Gefühl fragen, dann war es ein Attentat", sagt der Sohn des Kanzlers viele Jahre später.[62]

Das war, wie vorher vermerkt, auch der Eindruck der schweizerischen Polizeibehörde, welche später betonte, dass das Zusammentreffen des Unfalls mit den Angaben des Otto Jülich ins Auge falle.

Kurt Schuschnigg Junior war der einzige damals noch verhandene Zeuge und der Verdacht, dass es sich nicht um einen Unfall, sondern doch um ein Attentatsversuch gehandelt hatte, bleibt bestehen. Dies inbesondere angesichts des Vorfalls in Paris und der von Otto überhörten Anschlagspläne, die er an die massgeblichen Behörden weitergeleitet hatte. Dass die daraufhin folgenden Untersuchungen der österreichischen Polizei kein beweiskräftiges Material ergaben, ist kein zwingender Gegenbeweis. Otto hatte das, was ihm zu Ohren gekommen war, lediglich weitergegeben.

---

[62] "Kurier", 11.3.2018

6. Der "Fall Jacob"

Am 19.3.1935 begann die Tagespresse in der Schweiz und in den Nachbarländern sich mit einer besonders brisanten Affaire auseinanderzusetzen. Es ging dabei um den "Fall Jacob". Die Geschehnisse um den "Fall Jacob" bedürfen im Vorfeld einer kurzen Zusammenfassung, ehe dargelegt werden kann, auf welche Weise Otto hierin verwickelt war. Es handelt sich um eine politische Affaire aus dem Jahr 1935, die sich hauptsächlich in der Schweiz abspielte und die in der zeitgenössischen Presse eine bedeutende Rolle spielte.

Berthold Jacob Salomon, geboren 1898 in Berlin, war ein sogenannter Enthüllungsjournalist jüdischer Abstammung. Als Mitarbeiter der Berliner "Volks-Zeitung" übte er scharfe Kritik an der illegalen Aufrüstung in der Weimarer Republik. Ausserdem, war er ein tätiges Mitglied der Deutschen Liga für Menschenrechte. Nachdem er 1928 Mitglied der SPD geworden war, schloss er sich 1931 der von pazifistischen SPD-Abgeordneten gegründeten Sozialistischen Arbeiterpartei Deutschlands an. Bereits 1932 sah sich Jacob gezwungen nach Straßburg zu emigrieren und entging damit einer höchstwahrscheinlich bevorstehenden Verhaftung durch die Nationalsozialisten nach deren Machtübernahme im Januar 1933. Er setzte im Exil seine publizistische Tätigkeit fort und berichtete weiter über die illegale Aufrüstung Deutschlands. Unter anderem veröffentlichte er auch Berichte im "Pariser Tageblatt". Jacob wurde durch Deutschland für staatenlos erklärt und war infolgedessen nicht im Besitz eines gültigen Reisepasses.

Am 9.3.1935 entführten nationalsozialistische Agenten Jacob mit Hilfe eines Spitzels aus Basel nach Weil am Rhein und transportierten ihn von dort in ein Gestapogefängnis in Berlin: Jacob wurde durch den deutschen Geheimagenten Hans Wesemann in das Restaurant "Zum schiefen Eck" am Claraplatz in Basel gelockt, unter dem Vorwand, ihm dort einen gefälschten Pass zu verschaffen. Dort wurde er mithilfe eines Betäubungsmittels in seinem Getränk narkotisiert, was es seinen Entführern ermöglichte, ihn gewaltsam in eine schwarze Limousine zu befördern, um ihn schnell über die Grenze zu bringen.

Abb. 21. Berthold Jacob, Paris, 1936.

Als die Affaire publik wurde, legte die Schweiz offiziellen Protest bei der reichsdeutschen Regierung wegen Verletzung ihrer Hoheitsrechte ein. Es gelang den Schweizer Behörden innerhalb weniger Tage, den deutschen Spitzel Wesemann, der die Details in die Wege geleitet hatte, zu verhaften und ihm nahezu alle Einzelheiten der Entführung zu entlocken.[63]

Wer war Wesemann?
Der im Jahre 1895 gebürtige Hans Wesemann war ein hauptsächlich in Berlin ansässiger journalistischer Militärexperte, der sich in der "Welt am Montag" und in der Zeitschrift "Vorwärts" einen Namen gemacht hatte. Er sympathisierte mit der Weimarer Republik und gab in fiktiven Interviews die aufsteigenden Nazigrößen der Lächerlichkeit preis. Somit bestand für ihn jeder Grund, am 30.1.1933 Deutschland eilig zu verlassen und sich in London anzusiedeln.

---

[63] Ausführlich behandelt bei Hahn, P. und bei Jost, N.W.

Auch in London hielt er alte Bekanntschaften aufrecht, insbesondere im deutschen Exilmilieu, in welchem man vielseitige Kontakte zu ihm pflegte. Was aber allgemein nicht bekannt sein konnte, war letztlich, dass Wesemann im Jahre 1934 an die Deutsche Botschaft in London herantrat, um seine Dienste der Gestapo anzubieten. Wesemann galt weiterhin als "Persona grata" unter den deutschen regimekritischen Emigranten. Das ermöglichte ihm, die gewünschten Informationen über letztere in die Hand zu bekommen. Die Gestapo besaß eine Kartei von 60.000 deutschen Emigranten im Ausland[64] und war daher an Informanten seines Schlages sehr interessiert. Wesemann sprach insbesonders die Intellektuellen unter den Exilanten an, denen er Publikationsmöglichkeiten im Ausland in Aussicht stellte.

Im Rahmen dieser Bemühungen erneuerte er auch eine Korrespondenz mit Jacob im Sommer 1934. Ihre Bekanntschaft ging auf beider Mitarbeit an der Wochenschrift "Die Weltbühne" zurück und beide waren SPD Mitglieder gewesen. Sie hatten sich in der Berliner Zeit in Gerichtssälen und politischen Ausschüssen getroffen. Es war also keineswegs verwunderlich, dass Wesemann Jacob in Straßburg aufsuchte und sich mit ihm im November 1934 im Saarland traf.[65]

Wesemann lud Jacob ein, an einer Friedenskonferenz im kommenden Frühjahr in Birmingham teilzunehmen und bot ihm seine Hilfe an. Er unterstützte ihn zunächst mit einem Geldgeschenk, und versprach sodann, ihm in Basel einen gefälschten, aber gültigen Pass zu besorgen. Solchermaßen wurde Jacob am 9.3.1935 nach Basel gelockt und entführt. Als Jacobs Rückkehr ausblieb, gab seine Frau bei der Basler Polizei eine Vermisstenanzeige auf und alsdann wurde der Vorfall zur Kenntnis der Presse gebracht.

---

[64] Barnes, S.85
[65] Brinson, S.XVII

Am 19.3.1935 erschien zunächst im Pariser Tageblatt folgender Leitartikel:

Abb. 22. "Pariser Tageblatt" Band 3, Nr. 462, 19 März 1935

Am 20.3.1935 wird im selben Blatt bereits ein "Naziverbrechen" vermutet. Wesemann wurde an diesem Datum in der Schweiz verhaftet und in einem weiteren Artikel der Zeitung als "Mordagent der Gestapo" bezeichnet. "Der Fall Jacob" wird von diesem Zeitpunkt an in der Presse verfolgt und ausführlich kommentiert.

Wenige Tage später, am 24.3.1935, begab sich Otto zur Pariser Polizei und macht dort mehrere Aussagen zu Wesemann. Das französische Protokoll lautet in der Übersetzung wie folgt:

"Ich habe im letzten September in Saarbrücken im Laufe einer künstlerischen Rundfahrt die Herren Wesemann und Hitzemeyer, deren Wohnort ich nicht kannte, kennengelernt. Sie schlugen vor, mir eine Anstellung im Kabarett 'Klara' in Basel zu verschaffen, wo ich - so nehme ich an - hätte helfen sollen, prominente Hitlergegner aufzuspüren. Im Besonderen wurde von mir erwartet, die Aufmerksamkeit von antinationalsozialistisch gesinnten Journalisten auf mich zu lenken. Ich

52

habe sie (Wesemann und Hitzemeyer) einen Monat später im Bierhaus de Mayence, rue Hauteville 5, wiedergesehen, welcher meiner Kenntnis nach ein Treffpunkt der Nazis ist."[66]

Es handelte sich bei dem erwähnten Bierhaus um eine Lokalität in Paris, in welchem Otto eine Darbietung gegeben hatte. Vielleicht trat er dort als Clown auf, denn die Pariser Polizeiabteilung beschreibt ihn als einen *"Flüchtling (alter deutscher Sozialdemokrat), der den Beruf eines Clowns ausübt und in der rue de Malta 49 wohnhaft ist"*. Er hatte sich somit auf rein mimische Auftritte beschränkt, um die sprachlichen Hürden zu umgehen.

Otto hatte der Präfektur ferner weitere Informationen zu den Herren Wesemann und Hitzemeyer zu bieten:

"Die Zwei haben ihren Vorschlag erneuert. Haben mir freie Reise angeboten. Ich habe daraus gefolgert, dass sie, in Kenntnis meiner schwierigen Situation, wollten dass ich bestimmte Kontakte anknüpfe. Sie haben gleichwohl über ein mögliches Engagement im Kabarett 'Le Cardinal' in Basel gesprochen und haben mich dort mehrere Male zum Essen eingeladen......... Hitzemeyer und Wesemann waren oft in Begleitung eines dritten Deutschen, kein Jude, dessen Namen ich nicht weiss. Dieser ist ungefähr dreißig Jahre alt, von sehr kleiner Körpergrösse, und war Gruppenleiter der Nazis in Berlin. Diese drei Individuen haben mir 5.000 Schweizer Franken angeboten, damit ich ihnen folgende Adressen besorge..." (es folgen drei Namen, unter ihnen Adler, Oberhaupt der Deutschen Sozialdemokratischen Arbeiterpartei).

Abschließend verspricht Otto, die französische Polizei zu informieren, sobald er etwas Neues erführe. Ausserdem bittet er aus Angst vor Repressalien, seinen Namen nicht zu veröffentlichen.[67]

Erwähnenswert ist in diesem Zusammenhang auch ein handgeschriebenes, dem Protokoll beigefügtes Blatt in diffusem Stil, in welchem er sich an den Präfekten direkt wendet: er wolle sein Gewissen erleichtern und ihm verraten, dass sich am Place Clichy junge deutsche Mädchen von zweifelhaftem Ruf herumtreiben und Umgang mit dubiosen, gefährlichen

---

[66] Préfecture de Paris, Protokoll vom 25.3.1935
[67] ibid

jungen Männern pflegen.[68] (ibid). Das Treiben am Place Clichy kann für die Pariser Polizei kaum ein Geheimnis gewesen sein. Aber hier spielt gewiss Ottos Wunsch, sich anzubiedern, auch eine gewisse Rolle und aus diesem Grunde fügte er diese Randbemerkungen den zentralen Aussagen über Jacob und Wesemann hinzu.

In einer späteren Vernehmung durch die Kantonspolizei in Zürich[69] erklärt Otto, dass er bereits in Basel durch Dr. Emil Häberli, der die Untersuchungen zum "Fall Jacob" übernommen hatte, verhört worden war. Dies findet keinen Niederschlag in den Gerichtsakten zum Fall Jacob, wahrscheinlich, weil es sich um nichts Wesentliches gehandelt hatte.

Otto muss Jacob, wenn auch flüchtig, gekannt haben, schon allein wegen verschiedener Veröffentlichungen Jacobs im Pariser Tageblatt. Der Artikel im Pariser Tageblatt über von Papen und seinen Lebensretter war wie bereits erwähnt unsigniert erschienen. Es ist durchaus denkbar, dass Jacob den Text verfasste, nachdem Otto ihm die Details berichtet hatte. Viele Verfasser blieben in dieser Emigrantenzeitung absichtlich ungenannt, um nicht die Aufmerksamkeit der Nazis auf sich zu ziehen.

Ottos Informationen an die Züricher Polizeibehörde bestätigten lediglich, was die Schweizer Untersuchungsbehörden von Wesemann selbst bereits erfahren hatte. Es war ihnen ebenfalls bekannt, wie Wesemann vorzugehen pflegte und auf welche Weise er auch an andere Personen herangetreten war. Und das mit ähnlichem Erfolg wie bei Jacob. Wie schon erwähnt, hatte es sich Wesemann zu eigen gemacht, Kontakte zu Emigranten aufzunehmen, die Deutschland den Rücken gekehrt hatten und die ihrerseits annehmen mussten, dass es sich bei Wesemann um einen untadeligen Nazigegner handelte. Jacob ging davon aus, dass Wesemann Journalisten suchte, die die Blößen des Naziregimes offenlegen sollten. Da die meisten Emigranten sich im Ausland in einer finanziellen Notlage befanden, war es keineswegs ungewöhnlich, dass Wesemann Geld und sonstige Hilfsmittel für Informationen anbot. Das mochte sehr wohl als Solidaritätsbeitrag unter Gleichgesinnten verstanden werden.

---

[68] o.c. Beigefügtes handgeschriebenes Blatt
[69] Polizeirapport Zürich, 8.7.1935

Auf diesem Hintergrund und in diesem Rahmen war Otto ebenfalls im Saarland mit Wesemann und seinen Leuten zusammengekommen. Theatercafés, Kabaretts und Kaffeehäuser dienten allgemein auch als Debattierklubs. Hier traf man sich, um vertrauliche Nachrichten zu hören oder zu überbringen. Sie dienten sozusagen als Ersatz für heutige soziale Netzwerke.[70] Es ist gut vorstellbar, dass der Komiker Otto in den Pausen an seine Gäste herantrat und sie in amüsante Gespräche verwickelte. Wesemann benötigte unterhaltsame Naturen dieser Art und machte Otto ähnliche Vorschläge wie Jacob.

Sobald Otto aus den Zeitungen die alarmierende Nachricht erfuhr, dass Wesemann mit dem Verschwinden von Jacob zu tun hatte, wandte er sich an die Polizei. Er musste annehmen, dass Wesemann inzwischen eine Liste all der Personen, die er kontaktiert hatte, auch für die Polizei erstellt hatte. Dabei mochte auch sein Name gefallen sein und dem wollte er augenscheinlich zuvorkommen.

Aber Wesemann hatte offensichtlich nicht Ottos Namen angegeben, denn auch im Bericht des Vertreters der Schweizer Polizei, Lützelschwab, der nach Paris reiste, um mit französischer Einwilligung, Emigranten in Paris zu interviewen, wird Otto nicht erwähnt. Mit der Entführung selbst hatte er nichts zu tuen und letztere stand damals im Mittelpunkt der schweizerischen Vernehmung.

In der Einvernahme Ottos durch die Polizei in Zürich vom 16.7.1935 stand noch ein anderer Gegenstand im Raum und spielte eine nicht zu unterschätzende Rolle, nämlich das Thema der Passfälschungen. Dieses hatte ja letztlich Jacob den Anstoß gegeben, sich mit Wesemann in Basel zu treffen, um dort einen gefälschten, deutschen Pass zu erhalten. Bezeichnenderweise hakte die Kantonspolizei an diesem Punkt ein:

"Jülich, der viel in Emigrantenkreisen in Paris, Saarbrücken und Strassburg verkehrte, wurde darüber befragt, ob es ihm bekannt sei, wie die Emigranten zu ihren falschen Pässen gelangen. Jülich erklärte, er sei bereit, darüber Angaben zu machen, wolle aber nicht, dass dies in einem

---

[70] Orth, S.125 et passim

Protokoll aufgenommen werde. Ferner dürfe man seinen Namen nicht nennen."[71]

Wie am Text ersichtlich, wurden dann seine Informationen doch protokolliert. Natürlich war man hauptsächlich an dem Thema der gefälschten Schweizer Pässen interessiert, um die Einreise von Emigranten im Visier zu haben.

Otto machte zu diesem Thema konkretere Angaben:

„Im der Restaurant 'Chez Paul' an der rue Berenger , das 3. Haus vom Place de la Republique in Paris sollen ein gewisser Weissenberger, ein dicker Jude, und ein anderer genannt 'der kleine Max' verkehren. Dieselben sollen im Keller oder Entresol eine Werkstatt besitzen und sich mit der Herstellung von Pässen befassen. In der Hauptsache sollen aber richtige Schweizerpässe von einem Konsulatsbeamten in Prag erhältlich sein und zwar gegen Bezahlung....... In Paris seien ihm schon wiederholt Offerten für einen Pass gemacht worden. Er besitze aber einen eigenen Pass und habe dies nicht nötig gehabt."[72]

Otto beeilt sich, den Untersuchungsbeamten mit zusätzlichen Informationen entgegenzukommen. Er gibt im Vertrauen auch bekannt, dass *"sich in Strassburg zwei Juden mit der Beschaffung von falschen Pässen befassen. Es seien die Gebrüder Moses und Markus Lederer. Dieselben sollen in einem Eck-Restaurant mit französischem Namen beim Place Kléber verkehren. Jüdische Spitzel für die Nazis seien die Gebrüder Kornhandler, rue Hauteville 5 in Paris. In Basel sollen zwei Spitzel der Nazis sein, nämlich ein Mühlfeld Erich, der neben dem Hotel Hohenstaufen wohne und ein gewisser Kern. Beides Deutsche."*[73]

Der Züricher Polizeirapport betrachtete Otto offensichtlich als eine verlässliche Informationsquelle im Emigrantenbereich:

---

[71] Polizeirapport Zürich vom 16.7.1935

[72] ibid

[73] ibid

56

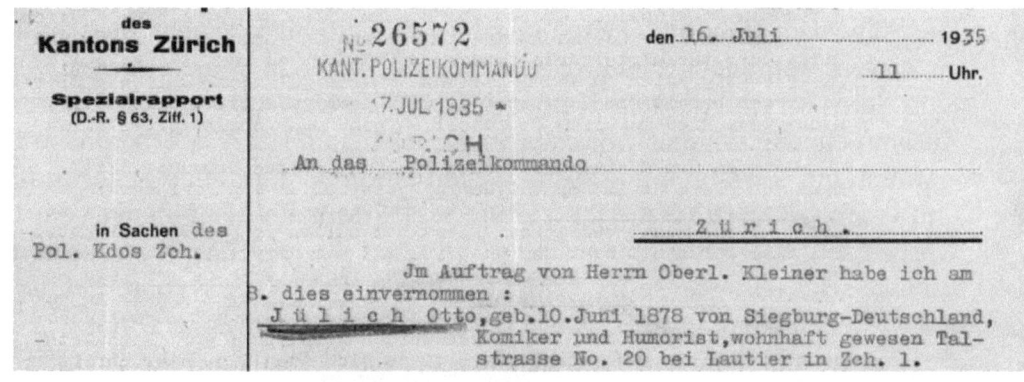

Abb. 23. Aus dem Polizeirapport Zürich

Doch, wie schon erwähnt, wurde Ottos Name nicht in den Akten von Wesemanns Prozess vermerkt.

In der Tat, wurde der Besitz von legalen Ausweispapieren für die meisten Emigranten auf die Dauer ein Kernproblem. Man mochte Deutschland mit einem gültigen Pass verlassen haben, aber dieser bedurfte früher oder später der Verlängerung bei einer deutschen Auslandsvertretung. An eben diese konnte man sich in den meisten Fällen natürlich nicht wenden. Schlimmer noch: Im Juli 1933 war ein neues Gesetz im Deutschen Reich verabschiedet worden, auf Grund dessen es möglich wurde, "unliebsamen Elementen" einseitig die deutsche Staatsbürgerschaft abzuerkennen.[74] Zu diesen gehörten oppositionelle Prominente wie Jacob. Sie wurden dadurch staatenlos und konnten auf legalem Wege keine Grenze mehr überschreiten. Es enstand ein blühender Schwarzmarkt für gefälschte Dokumente. Unter den Akteuren befanden sich naturgemäß viele Künstler, vor allem Graphiker.[75]

---

[74] Dogramaci, S.189
[75] idem, S.191

Die Schweizer Behörden hatten mithin auch Otto im Verdacht, dass er aktiv an diesen Vorgängen beteiligt sein könnte, da er in seinem Bereich mit Künstlern verschiedenster Kategorien verkehrte. Otto musste in diesem Zusammenhang zugeben, dass es in Deutschland 1932, wie bereits früher erwähnt, ein Verfahren gegen ihn wegen Urkundenfälschung gegeben hätte und er im März 1934 zu einer Strafe von 6 Monaten Gefängnis verurteilt worden sei. Aber Otto schrieb das politischen Beweggründen zu. Er konnte nachweisen, dass er selber einen gültigen Pass besass und gefälschte Papiere nicht benötigte. Das schliesst aber keineswegs aus, dass er auf andere Art und Weise in Passfälschungen verwickelt war. Die detaillierten Informationen, die er zu bieten hatte, sprechen eher dafür. Er wusste, wo bestimmte Werkstätten sich befanden und wer dort am Werk war. Sehr wahrscheinlich spielte er eine vermittelnde Rolle. Wenn ein anderer Emigrant ihm seine Notlage offenbarte, konnte er ihn - ganz im Vertrauen - an bestimmte, ihm bekannte Personen verweisen.

Otto gab die belastenden Informationen gewiss nicht ohne inneres Widerstreben der Kantonspolizei preis. Aber er sah sich und seine Frau in einer Notlage. Würde man ihn festhalten, oder schlimmer noch, an Deutschland ausliefern?

Die Schweizer Behörden entschieden sich letztlich für eine andere Variante und wiesen ihn aus der Schweiz aus. Dies wurde später auch in Bezug auf Jacob praktiziert, der nach Beendigung des Verfahren ebenfalls die Schweiz verlassen musste. Hatte er doch seinerzeit die Grenze zwischen Frankreich und der Schweiz unter Absprechung mit Wesemann illegal überschritten!

Wie endete letztlich der "Fall Jacob"?

Die Deutsche Reichsregierung beugte sich dem internationalen Druck und übergab Berthold Jacob am 17. September 1935 wieder den Schweizer Behörden. Man war daran interessiert, außenpolitischen Schaden zu begrenzen, zumal im kommenden Jahr die Olympischen Spiele in Berlin geplant waren.

Damit war der "Fall Jacob" noch nicht abgeschlossen. Nach seiner Befreiung, liess sich Jacob in Paris nieder, von wo er 1940 infolge der deutschen Besetzung Frankreichs in das neutrale Portugal floh. Kurz bevor

58

er im Jahre 1941 das rettende Schiff in die USA betreten konnte, wurde er von Agenten des NS-Sicherheitsdienstes entführt und ein weiteres Mal nach Deutschland verschleppt, wo er im Februar 1944 an Tuberkulose starb.

Wesemann wurde in der Schweiz im Jahr 1936 zu drei Jahren Gefängnis verurteilt. Nach Abbüßung der Strafe wurde er aus der Schweiz ausgewiesen und reiste nach Südamerika.

Was Otto anbetraf, so verließ er notgedrungen im Sommer 1935 die Schweiz zusammen mit seiner Gattin.

7. Die Erschießung Gustloffs

Nach dem Züricher Aufenthalt wechselte das Ehepaar Jülich wiederholt seinen Standort. Otto hielt sich in Strassburg, dann Holland und letztlich in Österreich auf. Ein letztes Mal taucht Ottos Name als Randnote in einem offiziellen Dokument auf und zwar erscheint er im Rahmen eines Protokolls des Deutschen Generalkonsulats in Holland in Sachen Gustloff.

Am 4.2.1936 hatte sich Folgendes im friedlichen Schweizer Kurort Davos zugetragen: Der jüdische Medizinstudent aus Kroatien, David Frankfurter, betrat abends das Haus des Landesgruppenleiters der NSDAP, Wilhelm Gustloff. Er bat Frau Gustloff, von ihrem Gatten empfangen zu werden. Nachdem er in dessen Arbeitszimmer geführt worden war, feuerte David Frankfurter mehrere Schüsse auf Gustloff ab, die ihn tödlich trafen.

Abb. 24. Wilhelm Gustloff

David Frankfurter stellte sich kurz darauf der Schweizer Polizei. Er bekannte sich zu seiner Tat und erklärte, er sei Jude und sei bei seinem letzten Besuch in Deutschland Zeuge von schockierenden Angriffen auf Juden geworden. Unter anderem, wie sein Onkel auf offener Strasse von einem jungen Schnösel am Bart gezerrt und angepöbelt worden war. Er wolle durch seine Tat die Welt aufrütteln und die Aufmerksamkeit der Öffentlichkeit auf die Verfolgung der Juden durch Nazideutschland lenken.[76]

Der Fall rief in Deutschland grosse Empörung aus und belastete die Beziehungen zwischen der Schweiz und Deutschland auf das Schwerste. Viele europäische Zeitungen kommentierten das Ereignis eingehend. Anbei zwei Beispiele aus der Tagespresse:

Die „Times"/London schrieb beispielsweise am 4.2.1936:
"A Nazi leader murdered at Davos – Jew's act of Vengeance"
> *The leader of the German Nazis, Herr Sigmund Gustloff, was shot dead to-night in his home at Davos.*
> *A Jewish medical student of Yugoslav nationality, studying in Berne, called at Herr Gustloff's home about 8 o'clock and asked Frau Gustloff to take him to her husband. As soon, as he had entered the Nazi leader's study, the student shot him dead.*

„Le Temps"/Paris vom 5.2.1936 beschrieb den Vorfall wie folgt:
"L`assassinat du chef des nazis allemands de Suisse".
> *L`assassinat à Davos, par un jeune juif, que l`ont dit maintenant être Allemand , du chef supreme de la section Suisse du parti national-socialiste, provoque dans tous le pays une vive réaction."*

---

[76] Fuhrer, *Der Tod in Davos*, Felz, *Der Prozess gegen David Frankfurter*, Lörchner, *Die Gustloff-Affaire 1936- Drei Kugeln gegen den Naziterror*, Der Spiegel, *3.2.2016*

Eilig versicherte der Schweizer Außenminister Guiseppe Motta laut "Völkischem Beobachter"/Berlin seine "tiefste Bestürzung" über das "verabscheuungswürdige Verbrechen". Die NSDAP Auslandsorganisation in der Schweiz (AO), der Gustloff vorstand, hatte sich in der Schweiz auf Grund ihrer vielfältigen Aktivitäten auf dem Gebiet der Bespitzelung bereits einen Namen gemacht. Dies, obwohl ihr von den über 120.000 in der Schweiz lebenden Deutschen lediglich 1.400 direkt angehörten. Diese Entwicklung hatte auch bereits vor Gustloffs Ermordung in der Schweiz das Bestreben erweckt, den nationalsozialistischen Einfluss einzudämmen.[77] Die AO galt schlechthin als "Brutstätte der Spionage" für Nazideutschland.[78]

Nach seiner Erschießung wurde Gustloff in einer grandiosen deutschen Propagandaaktion zu einem "Blutzeugen der Bewegung" hochstilisiert. Sowohl ein illustres Vergnügungsschiff, als auch Straßen wurden nach ihm benannt. In der Nazipropaganda hingegen wurde Frankfurter folgendermaßen dargestellt:

Abb. 25. Nazi Propagandaplakat, ca. 1936.

---

[77] Conze, E., Frei, N., Hayes, P., Zimmermann, M., S.114ff.
[78] Delarue, S.94.

Am 9.12.1936 begann der Prozess gegen David Frankfurter. Er dauerte lediglich vier Tage. David Frankfurter wurde durch das Kantonsgericht in Chur zu 18 Jahren Zuchthaus verurteilt, wobei man bestrebt war, die politische Dimension so weit wie möglich auszublenden.

In dieses Attentat war auf sehr nebulöse Weise auch Otto verwickelt.

Eine Woche nach der Bluttat in Davos, am 11.2.1936, meldete er sich auf dem Deutschen Konsulat in Amsterdam und behauptete, dass er Frankfurter im Sommer 1935 in Bern kennengelernt habe. Der Rapport im deutschen Konsulat beginnt folgendermaßen:

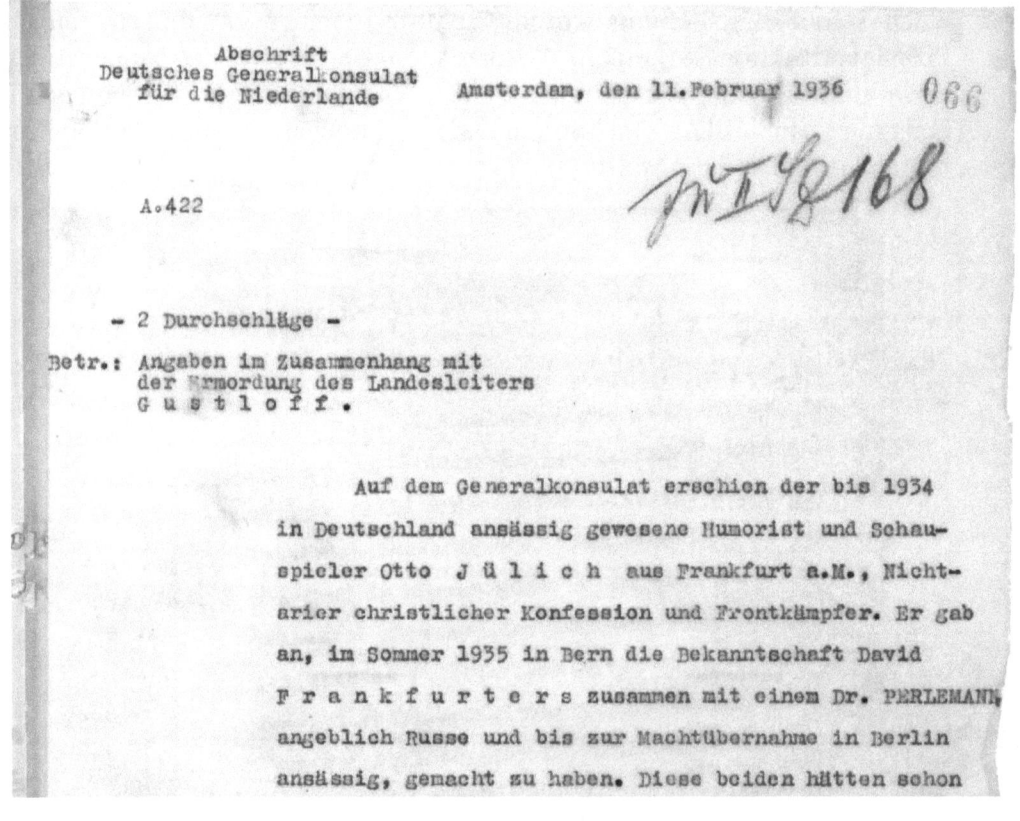

Abb. 26. Ausschnitt aus dem Bericht des Deutschen Generalkonsulats.

Die Aussage lässt sich,wie folgt, kurz zusammenfassen:
Auf dem Deutschen Generalkonsulat in Amsterdam erschien am 11.2.1936 der deutsche, jüdische Schauspieler Otto Jülich, der Deutschland 1934 verlassen hatte und behauptete, er habe David Frankfurter im Sommer 1935 in Bern kennengelernt. Letzterer und eine weitere Person (Dr. Perlemann) hätten versucht, ihn zu überreden, gemeinsam Wilhelm Gustloff zu ermorden. Zu der Gruppe hätte auch der deutsche Rechtsanwalt Adolf Steinschneider gehört.[79] Es wurden außer Frankfurter die bereits erwähnten Namen genannt. In Bezug auf sie heißt es in Ottos Meldung: *"Diese hätten gemeinsam ein gewaltsames Vorgehen gegen Gustloff gefordert."*[80]

Die Schweizer Behörden versuchten im Laufe des Monats Mai 1936, die obigen diversen Personen ausfindig zu machen, doch ohne Erfolg. Die Schweizerische Vertretung für die Niederlande bestätigte, dass Otto Jülich in den Niederlanden gewesen, ausgewiesen, und inzwischen wieder abgereist sei.[81]
In der Korrespondenz befindet sich auch eine detaillierte Personenbeschreibung:
Sie lautet:
"Alter: ca.58.
Länge:1.65.
Statur: untersetzt, dickbäuchig.
Gesicht: rund, bleich.
Er ist auffallend kahlköpfig, bewegt sich mühsam und oft mit einem Stock."[82]

David Frankfurter wurde in seinem Verhör auch über diesen Personenkreis befragt, aber er bestritt, mit ihnen Bekanntschaft gemacht zu haben. Im übrigen waren die genannten Personen, wie schon erwähnt, unauffindbar. Auch Otto konnte nicht mehr ausfindig gemacht werden.

---

[79] Das Deutsche Generalkonsulat für die Niederlande an das Auswärtige Amt in Berlin, 11.2.1936 PAAA-RZ214-99267-069
[80] ibid
[81] Legation de Suisse Aux Pays-Bas 28.5.1936 N III.B.84
[82] ibid

Es ist in höchstem Maße befremdlich, dass Otto sich überhaupt an das Deutsche Generalkonsulat in Holland gewandt hatte, um über den Fall Gustloff auszusagen. Auch in der Literatur, die sich mit dem Fall Gustloff auseinandersetzt, wird dies besonders hervorgehoben.[83] Hinzu kommt, dass er sich damit auch selbst belastete, indem er von einem "gemeinsamen, gewaltsamen Vorgehen" sprach. Nicht weniger mysteriös ist es, dass er all dies berichtete, nachdem die Tat bereits erfolgt war.

Dass David Frankfurter sich nicht an Otto erinnern konnte, schließt ein gemeinsames Treffen mit Otto nicht aus. Frankfurter pflegte viele leidenschaftliche Diskussionen mit Sympathisanten über die Agression der Nationalsozialisten zu führen.[84] Möglicherweise war Otto einer von mehreren Anwesenden gewesen und Frankfurter konnte sich nicht mehr auf ihn besinnen. Aber wie man es auch betrachten mag, so bleibt Ottos Aussage zur Erschiessung Gustloffs ein Rätsel.

David Frankfurter wurde zu 18 Jahren Zuchthaus verurteilt, wurde aber nach Kriegsende, am 17.5.1945, frühzeitig entlassen und ausgewiesen, worauf er in das damalige britische Mandatsgebiet Palästina auswanderte.

Abb. 27. David Frankfurter (stehend) in Palästina, 1945

---

[83] Fuhrer, S.65-66
[84] Imonti, S.142-146

Als persönliches Addendum zum Fall Gustloff möchte ich noch Folgendes hinzufügen:
Viele Jahre später freundete sich Ottos Sohn, Hermann Jülich (mein Vater), mit dem Bruder David Frankfurters in Israel an, wobei ich ihn auch persönlich kennenlernen konnte. Dieser Dr. A. Frankfurter war ein bekannter Kardiologe. Vielleicht hätten die beiden älteren Herren in ihren vielen, vertraulichen Gesprächen neue Antworten gewusst, wenn sie die Aussage Ottos im Generalkonsulat gekannt hätten.....

"Der Fall Gustloff" wurde jedoch in anderer Hinsicht ein Gesprächsgegenstand zwischen den mittlerweile älteren Herren:
Hermann Jülich hatte nämlich in seiner Eigenschaft als Häftling im Konzentrationslager Buchenwald als Maurer in den zu erbauenden "Gustloffwerken" neben dem Lager gedient. Diese Benennung der Rüstungswerke neben dem Konzentrationslager war als eine posthume Ehrung Gustloffs gedacht.

Doch ein dauernder Ruhm war ihm nicht beschieden. Das Rüstungswerk wurde bombardiert und zerstört und das nach ihm benannte Vergnügungsschiff "Gustloff" wurde kurz vor Kriegsende versenkt.

8. Epilog

Die Aussage Ottos zu der Erschießung Gustloffs war seine letzte Initiative, die zu seiner Person in den Dokumenten nachgewiesen werden kann.
In April 1936 wanderten Otto und seine Frau nach Wien aus. Hier bezog das Ehepaar Jülich zunächst eine Wohnung im Praterviertel. Im Wiener Meldeamt liegen die letzten Wohnortangaben von Otto und seiner Gattin vor:
„Vom 9.4.1936 bis zum 20.4.1936 wohnten sie in der Praterstr. 28/9 und vom 30.4.36 bis zum 31.5.36- bezogen sie ein Zimmer im Hotel Heinehof Nord 2, Heinestr. 15.“[85]

In diesem bekannten Vergnügungsviertel durfte ein Künstler auf irgendeine Anstellung hoffen. Aber sogar dort war ihm augenscheinlich kein Erfolg beschieden. Er befand sich also wirtschaftlich in einer hoffnungslosen Lage.

In seinem Hotelzimmer im Heinehof nahm Otto eine Dosis von Luminal zu sich, die zu einer narkotischen Vergiftung und am 29.5.1936 zu seinem Tode führte. In obiger Personenangabe des Magistrats der Stadt Wien findet sich die Angabe: *"Gestorben am 29.5.1936 in Wien im Spital der Barmherzigen Brüder"*.[86]

Seine Gattin wählte daraufhin ebenfalls den Freitod. In der Wiener Zeitung "Neue Freie Presse" erschien am 2.6.1936 darüber eine Angabe. Obwohl das angegebene Alter (48 statt 58), sowie der Geburtsort (Siegelburg statt Siegburg) nicht fehlerfrei genannt wurden, kann kein Zweifel über die Identität der Personen und der Umstände ihres Todes bestehen. Die Todesnachricht erreichte Ottos Tochter, Liesel, in Düsseldorf, welche wohl seine einzige Kontaktperson in der Familie geblieben war.

---

[85] Magistrat der Stadt Wien MA 8-B-MEP-3868/2009 - Angaben zu der Person des Otto Jülich, geb. 1887 in Siegburg
[86] ibid

(Dem Gatten in den Tod gefolgt.) Wie berichtet, hat sich am 29. v. M. der 48jährige Schauspieler Otto Jülich aus Ziegelburg im Rheinland, nach Paris zuständig, in einem Hotel in der Leopoldstadt wegen Krankheit mit Luminal vergiftet. Seine gleichaltrige Gattin Philippine Jülich, die mit ihm gemeinsam gewohnt hat, wurde nun heute nacht in ihrem Hotelzimmer mit Anzeichen einer schweren narkotischen Vergiftung tief bewußtlos aufgefunden. Die Rettungsgesellschaft wurde wohl berufen, doch konnte der Inspektionsarzt trotz Vornahme wiederbelebender Injektionen keine Hilfe mehr bringen. Frau Jülich starb wenige Minuten nach ihrer Auffindung. Die Frau hatte sich aus Kränkung über den Selbstmord ihres Gatten durch Einnehmen einer größeren Menge Luminals getötet.

Abb. 28. Todesanzeige von Otto Jülich und seiner Frau.

Was hatte Otto und seine Frau letztlich bewogen, ihrem Leben ein Ende zu setzen?

Die obige Zeitungsmeldung führt Ottos Krankheit als Selbstmordsmotiv an, aber dieses Fazit der Wiener Zeitung ist nur bedingt aussagefähig. Die Beweggründe hierfür müssen vielfältige gewesen sein.

Hatte sich doch Otto im Februar desselben Jahres, wie erwähnt, beim Deutschen Konsulat in Holland gemeldet und musste auf Grund dieser seiner Aussage damit rechnen, dass man ihn als Zeugen zum Prozess gegen Frankfurter suchen und in der Schweiz verhören würde. Die Verwicklung in den "Fall Gustloff" konnte sich für ihn nur im ungünstigen Sinne auswirken.

70

Aus der Schweiz selbst würde er wiederum ausgewiesen werden. Auch eine Rückkehr nach Paris kam nicht in Betracht, denn dort musste er die Nationalsozialisten fürchten, gegen die er ausgesagt hatte.

Wie würde er für seinen Lebensunterhalt aufkommen können? Als Künstler konnte er nur in einem deutschsprachigen Gebiet oder unter Emigranten wirken. Als letzte Möglichkeit hatte sich Österreich angeboten. Aber war dort ein rheinischer Komiker jüdischer Herkunft gefragt?

Auch in Deutschland selbst hatte sich der Gesamtzustand der Familie Jülich inzwischen verschlechtert. Drei Tage vor Ottos Erscheinen im Deutschen Generalkonsulat, am 8.2.1936, war sein Sohn, Hermann Jülich, von der Gestapo in Düsseldorf verhaftet worden. Die gegen ihn vorgebrachte Beschuldigung lautete "Beteiligung am Hochverrat". Er war verwickelt in den bekannten "Katholikenprozess", in dessen Zentrum der Kaplan Dr. J. Rossaint stand.[87]

Man kann davon ausgehen, dass Otto weder von der politischen Aktivität seines Sohnes, noch von der folgenden Verhaftung zum damaligen Zeitpunkt Kenntnis hatte. Doch es ist gut möglich, dass er Monate später dennoch brieflich durch seine Tochter Liesel über die Gestapohaft und den bevorstehenden Prozess vor dem Volksgerichtshof unterrichtet wurde.[88] Wenn ja, so mochte die Verhaftung seines Sohnes ein zusätzlich erschwerender Umstand für ihn selbst werden.

Hinzu kam der allgemein schlechte Gesundheitszustand Ottos. Bereits in den Berliner Jahren hatte er unter Gallensteinen gelitten und dieses Leiden mochte sich im Laufe der Jahre rapide verschlechtert haben. In der Personenbeschreibung vom 11.2.1936, also drei Monate vor seinem Freitod, wird seine bleiche Gesichtsfarbe erwähnt und seine Gehbehinderung hervorgehoben.

Welches Gewicht hatte Ottos mehrfache Verwicklung in die hier beschriebenen Anschläge?

---

[87] German, passim
[88] German, passim

Im Falle von Papens hatte er aus dem spontanen Impuls, eine Gewalttat zu verhindern, diesen vorgewarnt. Inzwischen hatte der ehemalige Kanzler und dann Vizekanzler jeglichen politischen Einfluss in der NS-Regierung eingebüßt. Einige seiner Parteigänger wie Jung waren mittlerweile durch Hitler sogar liquidiert worden. Außerdem waren Dankbarkeitsbezeugungen von Papens auch vorher ausgeblieben. Wer von Papen unterstützt hatte, mochte sogar mit einem Gegenschlag rechnen.

Was den Besuch Schuschniggs in Paris betrifft, so konnte ihm auch diese Warnung bei der Polizei wenig nützen. Man war froh in Paris , dass alles glimpflich verlaufen war und konnte nicht daran interessiert sein, den deutschen Nachbarn durch Verdächtigungen zu verärgern.

Dass er auch im Fall Jacob ausgesagt hatte, würde ihm ebenfalls schwerlich zugute kommen. Im Gegenteil: Er konnte ja nicht wissen, was von all seinen Aussagen publik geworden oder weitergegeben worden war. Man musste davon ausgehen, dass die "Gestapo Außendienste" über sehr vieles informiert waren und über einen langen Arm verfügten, wie die Entführung von Jacob veranschaulicht hatte.

Was nun seine Position in Bezug auf Gustloff betrifft, so mag es aus heutiger Sicht als vorausschauend und positiv erscheinen, sich für die Liquidierung eines ranghohen Nationalsozialisten engagiert zu haben, aber in der damaligen Situation herrschte darüber durchaus kein Konsens. Frankfurter wurde des Mordes an Gustoff angeklagt und wenn ihn einer dabei nachweislich unterstutzt hätte, wäre er der Beihilfe zum Mord bezichtigt worden. Es kam nicht dazu. Aber was Otto zu seiner Aussage in Holland bewogen hatte, bleibt letzthin ein Rätsel.

Am Ende begab er sich mit seiner Gattin nach Wien, wo er keinen Boden fassen konnte. Es wurde eine Sackgasse.
Zusammenfassend lässt sich sagen, dass die damalige persönliche Lage von Otto und die seiner Gattin sich als hoffnungslos abzeichnete. Der Freitod schien damals nicht wenigen jüdischen Emigranten der einzige Ausweg gewesen zu sein.

Bibliographie

Angress, W.T., "*Bernhard Weiss - a Jewish Public Servant in the Last Years of the Weimar Republic*", 49-65, in Benz, W., Paucker, A., Pulzer, P., Hrsg. *Jüdisches Leben in der Weimarer Republik, Jews in the Weimar Republic,* London, 1998

Bach, J.A., *Franz von Papen in der Weimarer Republik,* Düsseldorf, 1977

Barnes, J.J., Barnes, P.B., *Nazi Refugee Turned Gestapo Spy: The Life of Hans Wesemann, 1895-1971,* Präger, 2001

Bemann, H., (Hrsg.), *Mitgelacht - dabeigewesen, Erinnerungen aus sechs Jahrzehnten Kabarett,* Berlin, 1967

Benz, W., Paucker, A., Pulzer,P., Hrsg., *Jüdisches Leben in der Weimarer Republik,* Schriftenreihe wissenschaftlicher Abhandlungen des Leo Bäck Instituts, 57, Tübingen, 1998

Bergmann, W., Wetzel, J., "*Der Miterlebende weiss nichts*", S.173-196 in Benz, W., Paucker, A., Pulzer, P., Hrsg. *Jüdisches Leben in der Weimarer Republik, Jews in the Weimar Republic,* London, 1998

Bollag, P., *Vor 75 Jahren: Basel und der Fall Jacob, Stadtbuch Online-Plattform,* Basel, 2011

Bräse, St., *Jenseits der Pässe - Wolfgang Hildesheimer,* Wallstein, 2017

Brinson, Ch., Malet, M., Hrsg., "*Warum schweigt die Welt?*" , *Exil - Dokumente* Bd.10, Berlin, 2014

Broda, M.B., Mädler Ü., Mugier, S., Hrsg., *Geheimdienste - Netzwerke und Macht : im Gedenken an Hans Eckert, Basler Advokat, Flüchtlingshelfer, Nachrichtenmann 1912 - 2011*, Basel, 2015

Bruer, A.A., *Geschichte der Juden in Preußen (1750-1820)*, Frankfurt, 1991

Conze, E., Frei, N., Hayes, P., Zimmermann, M., *Das Amt und die Vergangenheit*, München, 2010

Delarue, J., *Geschichte der Gestapo*, Düsseldorf, 1964

Die Schweiz und die Flüchtlinge zur Zeit des Nationalsozialismus: Veröffentlichungen der UEK Studien und Beiträge zur Forschung, Unabhängige Expertenkommission, (Veröffentlichungen der UEK, Band 17) UEK ISBN 3-0340-0617-9, Zürich, 2001

Dogramaci, B., "*Die Kunst der Passfälschung*" in: *Exilforschung, ein Internationales Jahrbuch 36/2018*, Hrsg., Bischoff, D., Rürup, M., 2018

Enderle-Burcel, G., Neubauer-Czettl, A., Hrsg., *Protokolle des Ministerrats der 1.Republik, Kabinett Dr. Kurt Schuschnigg*, Band 8, Abt.IX, Wien, 2013

Fabian, R., Coulmas, C., *Die deutsche Emigration in Frankreich nach 1933*, München, 1978

Fest, J.C., *Hitler*, Darmstadt, 1973

Flögel, K.F., *Geschichte des Grotesk-Komischen*, München, 1914

Flügge, M., *Paris ist schwer, Deutsche Lebensläufe in Frankreich*, Berlin, 1992

Fuhrer, A., *Tod in Davos*, Metropol, 2012

German, E., *Wir wollen trotzdem Ja zum Leben sagen*, BoD Verlag, 2014

Gisevius, B., *Adolf Hitler*, München, 1963

Göbbels, J., *Tagebücher*, Hrsg. Reuth, G., München, 1992

Grönewald, K., Ignor, A., Koch, A., Hrsg., *Lexikon der politischen Strafprozesse*, "*Der Prozess gegen David Frankfurter, Schweiz 1936*", 2016

Hahn, P., *"Sauberer" als Bern? Schweizerische und Basler Politik gegenüber den nationalsozialistischen Organisationen in der Schweiz (1931-1946),* Schweizerische Zeitschrift für Geschichte , 51(1) S.46-58, 2001

Heiber, H., *Joseph Göbbels,* Berlin, 1962

Imonti, F., *Violent Justice,* New York, 1994

Jost, N.W., *Der Fall Jacob-Wesemann (1935-1936), ein Beitrag zur Geschichte der Schweiz in der Zwischenkriegszeit,* Bern, 1972

Kulka, O.J., Jäckel, E., Hrsg., *Die Juden in den geheimen NS-Stimmungsberichten,* Düsseldorf, 2004

Laqueur, W., Breitmann,R., *Der Mann, der das Schweigen brach*, Frankfurt, 1986

Ludwig, E., Chotjewitz, P.Q., *Der Mord in Davos,* Hemsbach, 1986

Meyer, A., *Anpassung oder Widerstand: die Schweiz zur Zeit des deutschen Nationalsozialismus,* Huber, 1965

Nogarède, A., *Deutsche Emigration nach Frankreich 1933-1940,* Nîmes, 2015, http://lernen-aus-der-geschichte.de/Lernen-und-Lehren/content/12424

Orth, R, *"Der Amtssitz der Opposition"? Politik und Staatsumbaupläne im Büro des Stellvertreters des Reichskanzlers in den Jahren 1933–1934,* Köln/Weimar/Wien, 2016.

Petzold, J., *Franz von Papen. Ein deutsches Verhängnis,* München, 1995

Postert, A., Orth, R., *"Franz von Papen an Adolf Hitler, Briefe im Sommer 1934"*, S.259-287, Vierteljahrshefte für Zeitgeschichte, 63, 2, München, 2015

Roth, J., *Das Spinnennetz,* Frankfurt, 1970

Saint Sauveur-Henn, A., *Fluchtziel Paris - die deutschsprachige Emigration 1933-1940,* Berlin, 2002

Schwarz, St., *Ernst Freiherr von Weizsäckers Beziehungen zur Schweiz (1933-1945)*, *Ein Beitrag zur Geschichte der Diplomatie*, Bern, 2007

Shirer, W.L., *Aufstieg und Fall des Dritten Reiches,* Köln, 1961

Suppan, A., Hrsg., *Außenpolitische Dokumente der Republik Österreich 1918-1938,* Bd.10, Wien, 2014

Tergit, G., *Käsebier erobert den Kurfürstendamm,* Berlin, 1931

Toepser-Ziegert, G., *NS-Presseanweisungen der Vorkriegszeit, Eine Einführung in ihre Editition*, München, 1984

Abbildungsnachweis

Abb. 1. Ottos Geburtsurkunde. Stadtarchiv Siegburg.

Abb. 2. Der jüdische Friedhof in Siegburg. Privatfoto.

Abb. 3. Ottos Meldekarte. Stadtarchiv Siegburg.

Abb. 4. Otto Jülich (rechts) mit Freunden. Privatfoto.

Abb. 5. Sophia Jülich (links) und die "Jross" Sibylle Meyer. Privatfotos.

Abb. 6. Karnevalsfeier aus späteren Jahren. Privatfoto.

Abb. 7. Anzeige im „Berliner Tageblatt" vom 29.7.1909. Public domain.

Abb. 8. Anzeige in der „Vossschen Zeitung" vom 2.3.1908.
    Staatsbibliothek zu Berlin - Preußischer Kulturbesitz.

Abb. 9. Franz von Papen. Bundesarchiv, Bild 183-1988-0113-500 / CC-BY-SA 3.0.

Abb. 10. Leitartikel in „Pariser Tageblatt" vom 25.12.1934. Deutsche Nationalbibliothek, Deutsches Exilarchiv 1933-1945, Frankfurt am Main.

Abb. 11. Auszug aus dem Spezialrapport des Polizeikorps Zürich. Schweizer Bundesarchiv Bern. Signatur E4320B#1991/243#73.

Abb. 12. Auszug aus dem „Pariser Tageblatt" vom 25.12.1934.
    Siehe Abb. 10.

Abb. 13. Auszug aus dem „Pariser Tageblatt" vom 25.12.1934.
    Siehe Abb. 10.

Abb. 14. Otto Jülich in Frankfurt vor seiner Emigration. Privatfoto.

Abb. 15. Das Alhambra Kino in Paris in den 30-er Jahren. Public domain.

Abb. 16. Kurt Schuschnigg, 1936. Public domain.

Abb. 17. Die „Sächsische Volkszeitung" vom 26.2.1935. SLUB Dresden.

Abb. 18. Aus dem Polizeirapport in Zürich vom 8.7 1935. Siehe Abb. 11.

Abb. 19. Unfallwagen der Familie Schuschnigg. „Wiener Bilder"
    21.7.1935, Österreichische Nationalbibliothek (Anno).

Abb. 20. Bericht über den Autounfall von Schuschnigg. Auszug aus der "Kleinen Volks-Zeitung" vom 14.7.1935. Österreichische Nationalbibliothek (Anno).

Abb. 21. Berthold Jacob, Paris, 1936. Deutsche Nationalbibliothek, Deutsches Exilarchiv 1933-1945, Frankfurt am Main.

Abb. 22. "Pariser Tageblatt" Band 3, Nr. 462, 19 März 1935. Siehe Abb. 10.

Abb. 23. Aus dem Polizeirapport Zürich. Siehe Abb. 11.

Abb. 24. Wilhelm Gustloff. Ullstein bild, gemeinfrei.

Abb. 25. Nazi Propagandaplakat, cca 1936. United States Holocaust Memorial Museum. Public domain.

Abb. 26. Ausschnitt aus dem Bericht des Deutschen Generalkonsulats für die Niederlande. Politisches Archiv des Auswärtigen Amtes in Berlin, 11.2.1936, PAAA-RZ214-99267-069.

Abb. 27. David Frankfurter (stehend) in Palästina, 1945. Public domain.

Abb. 28. Todesanzeige von Otto Jülich und seiner Frau, "Neue Freie Presse" vom 2.6.1936, Nr. 25764A (Anno).